ちくま新書

川上から始めよ

——成功は一行のコピーで決まる

川上徹也
Kawakami Tetsuya

1427

川上から始めよ——成功は一行のコピーで決まる【目次】

第二章　「プロジェクト」は川上から始めよ　083

はじめに

本書は、あなたが関わるすべてのプロジェクトを成功に導く「旗印になる一行のコピー（＝「川上コピー」）」の事例と、その作り方・掲げ方について書かれたものです。

想像してみてください、川の流れを。

どんな大河であっても、元をたどれば山奥の源流にいきつきます。

そこから湧きだした一滴の水が、山を下ってやがて大きな流れになり、ゴールである海へとたどり着くのです。

そんな川の流れのように、会社経営からあらゆる仕事や生活におけるプロジェクトにも、川上から川下の流れがあるのではないでしょうか？　ゴールである川下での施策や成果に目を奪われがちですが、重要なのは「川上」です。

「川上」とは……

「経営」における「理念」「ミッション」であり、

「事業」における「定義」であり、
「マーケティング」における「戦略」であり、
「商品開発」「広告制作」における「コンセプト」であり、
「プロジェクト」における「大義」であり、
「部署」「チーム」における「目標」であり、
「マネジメント」における「行動指針」であり、
「起業」における「志」であり、
「会議」における「アジェンダ」であり、
「スピーチ」における「信念」であり、
「政策」「事業計画」における「グランドデザイン」であり、
「コンテンツ」における「テーマ」「世界観」であり、
「もの作り」における「哲学」であり、
「人生」における「アイデンティティ」「ライフプラン」であり、
「子育て」「学校」における「教育方針」であり、
「政治」「行政」における「ビジョン」でもあります。

つまり、「川上」とは、ビジネスや人生のさまざまな場面において、それぞれの上流にあり、川中、川下を決めていく背骨になるもののことです。

「川上」が重要であることに反論する人は少ないでしょう。

ただ忘れがちなことがあります。

「川上」における方針を、きちんと言語化する必要があるということです。

言語化されない曖昧な状態では、「旗印」や「指針」になりません。人は言語化されてはじめて、きちんとイメージでき、誰かと共有できるようになるからです。

成功しているプロジェクトの多くは、「川上」における「言葉」が明確です。

その言葉が、きちんと「旗印」や「指針」として機能しています。そのプロジェクトの向かう先を示す、「北極星」のような役割を果たしている「言葉」があるはずです。

逆にその「言葉」があやふやだったり弱かったりすると、川の流れは途中で途切れてしまいプロジェクトは難破してしまう可能性が高いでしょう。羅針盤のない船のようなものです。

あなたが今関わっているプロジェクトの「川上」には、「旗印」や「指針」となる明確な「言葉」がありますか？

その「言葉」で「実現した時の未来」が、きちんとイメージできますか？

それは長くなればなるほど伝わりません。凝縮された一行であることが大切です。

できれば一五文字以内が望ましい。

人間が一度に憶えることができる文字数が、それくらいだからです。

本書では、それぞれのプロジェクトの一番上流にあり、川中・川下を規定する「旗印」や「指針」となる凝縮されたフレーズのことを、「川上コピー」と名付けました。

きちんと機能する「川上コピー」が掲げられ、それがメンバーに共有されていると、そのプロジェクトが成功する確率は格段に上がります。

†「川上コピー」という言葉を開発した三つの理由

そもそも「川上コピー」とは、会社経営の一番上流で旗印として掲げるキャッチコピーを表現する言葉として、私が二〇一六年に開発したものです。

なぜそのような言葉を開発したか。それには三つの理由があります。

一つ目の理由は、ひと口でキャッチコピーといっても、以下のように、さまざまな階層

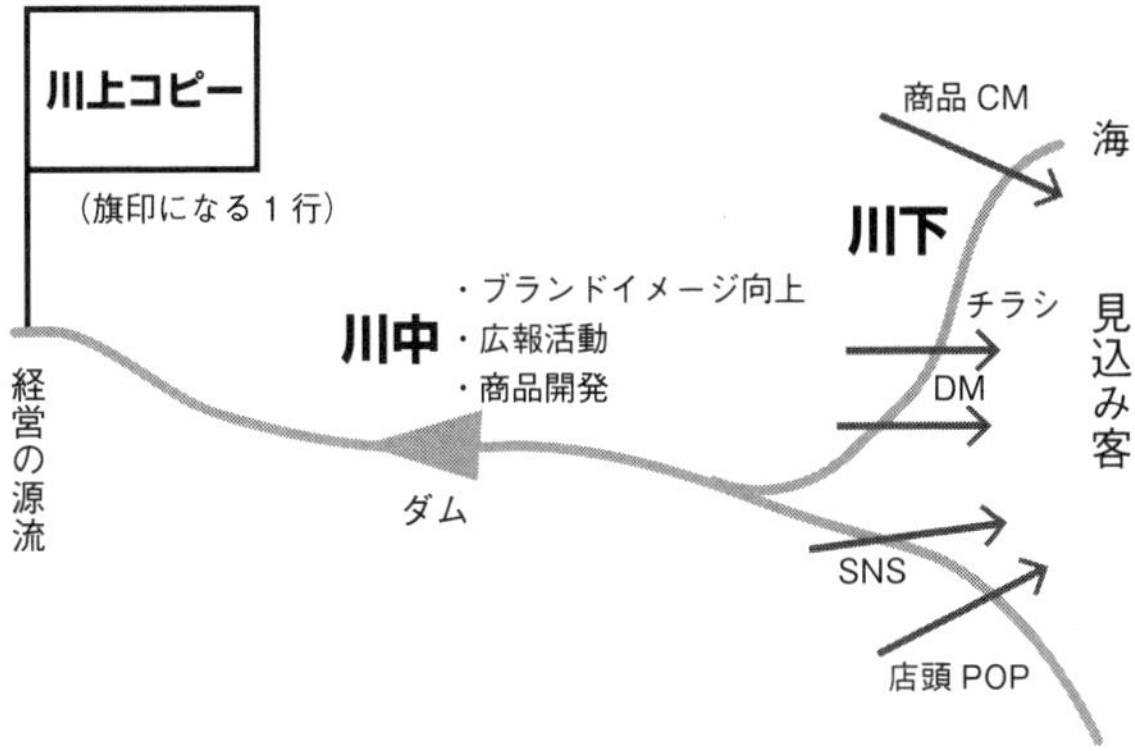

があることを多くの人に知ってもらいたかったからです。

川下コピー……「商品ＣＭ」「チラシ」「ＰＯＰ」「ＥＣサイト」「ＤＭ」「メルマガ」「ＳＮＳ」など。買ってもらうために直接、お客さんに投げかけるフレーズ

川中コピー……「イメージ広告」「店の世界観」「商品開発」「広報活動」など。会社のよいイメージを蓄積させていくためのフレーズ

川上コピー……会社経営の源流で社内外への旗印になるフレーズ

同じキャッチコピーであっても、「川上」「川中」「川下」によって、考え方や選ぶ言葉は大きく異なり

ます。しかし多くの人はそれを同じ土俵で考えるので、議論がかみ合わないことがあります。そんな事態を回避するために開発しました。

二つ目の理由は、「川下」だけで頑張っても効果は一時的で、「川上」「川中」「川下」の言葉がきちんとリンクすることの重要性を、感覚的にわかってもらうためです。

「川上コピー」が決まれば、商品開発や広告、広報、販売など川中・川下にあるすべての企業活動が必然的に変わっていきます。同じような川下コピーであっても、川上の旗印とリンクしているかどうかで、長期的にみるとその効果は大きく変わるということをわかってもらうために開発しました。

三つ目の理由は、私が二〇〇八年から提唱している「ストーリーブランディング」という手法において、「川上コピー」が非常に重要な役割を果たすからです。

†「川上コピー」で物語の主人公に

三つ目の理由について、より深く解説しましょう。

「ストーリーブランディング」をシンプルに定義すると、

企業や商品を「物語の主人公」に位置づけ、その「本来の価値」を人の心が動くように発信することで、ファンを生み出しブランド化していく手法

ということになります。

ファンになってもらうのは、お客さんだけではありません。従業員にも、学生にもファンになってもらう必要があります。

その結果、売上にも求人にもいい影響が生まれるのです。

企業や商品を「ストーリーブランディング」していくには、まずそれぞれの「三本の矢」を構築していくところから始めます。

ストーリーブランディングの三本の矢

・志
・独自化
・エピソード

「志」とは、

その企業（お店・人・地域）の力で、「何か社会的な意義があること」を達成しようという強い想い

のことです。

あなたの会社やお店、あなた自身が「物語の主人公」になってファンを生み出すためには一番重要な要素だと言えます。

「志」は、一般的には「経営理念」「ミッション」「ビジョン」（他にも「フィロソフィー」「アイデンティティ」「クレド」などとも）と呼ばれているものです。

ただし、そこに書かれているフレーズが、その企業を「物語の主人公」にするような躍動感があり、ワクワクするものであることは滅多にありません。

なぜなら、日本では「経営理念」「ミッション」「ビジョン」などという分類で言葉を考えた途端、どこの会社が言ってもいいような教科書的で退屈なフレーズになってしまうからです。社名を隠してそれを読んでも、どこの会社のものかわからない。

多くの会社で「経営理念」がホコリを被ってしまうのは、これが一番の原因です。また項目ごとの定義を明確にし、それぞれにきちんとしたフレーズをあてはめようとすればするほど、言葉を作って埋めていくこと自体が目的となってしまう。

そもそも、経営の上流にありその「理念」を表現するフレーズは、いろいろとあればあるほど、ボヤけて誰も記憶できなくなります。可能な限り集約すべきなのです。

そのような理由から「ストーリーブランディング」では、これまで企業の経営の上流にある「経営理念」「ミッション」「ビジョン」などにあたる分類を、「志」という表現で統一してきました。

「志」と表現することで「意志を持つフレーズ」になり、企業が「物語の主人公」になる可能性が高まるからです。

とはいえ、以前からある「経営理念」を簡単に変えるのは難しい場合も多いでしょう。代々伝わってきた「社是」「社訓」などであれば、なおさらです。そんな場合は、それはそれとして大切に保存しておき、「志」をキャッチコピー化して新たな旗印になる一行をつくるという方法をオススメすることが多くなり、その「旗印の一行」に何か名前をつける必要性が生じてきました。

その一行は、「企業スローガン」「タグライン」「ステートメント」「コーポレートメッセージ」と呼ばれるものと近い存在です。ただし、そのようなカテゴリーでキャッチコピーを考えると、これまた「○○でお客様を笑顔に」「○○から世界へ」「○○のその先に」「○○で未来をつくる」など耳触りのいい常套句になりがちです。

そうならないために、きちんと経営の一番上流で旗をたてるイメージと繋がる「新しい言葉」が欲しいと、以前からずっと考えていました。

その結果、「川上コピー」という言葉を開発したのです。

†事業部や店舗は、支流が分かれるイメージで

企業の経営における「川上コピー」の説明をした時に、以下のような質問を受けることがあります。

「うちの会社はいくつかの異なる事業をしているので、ひとつの川上コピーに集約するのは難しいと思うが、どうしたらいいでしょう?」

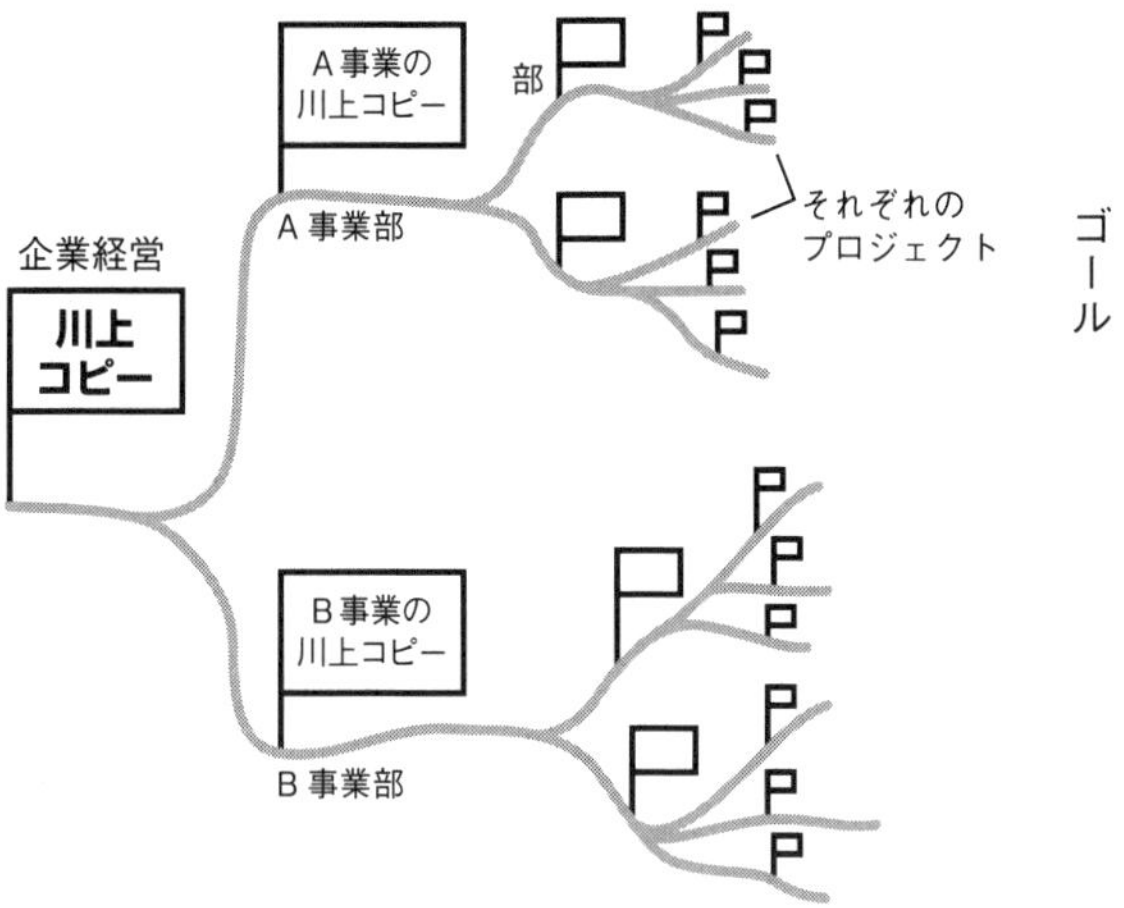

そんな時は、以下のように考えてください。会社全体の「川上コピー」とは別に、事業部ごとに支流が分かれていて、その分岐点にあたる部分に、それぞれの事業部の「川上コピー」があるというイメージです。

ただし、そのフレーズは、より上流にある会社全体の「川上コピー」とリンクしていることが望ましいです。さらに下流で細かく事業が分かれていったとしても、同様に考えていってください。新たな旗印が必要になった場所で、「川上コピー」の旗を立てればいいのです。もちろんより上流にある「川上コピー」が全体の旗印になりうる場合は、新たに作る必要はありません。

同様にチェーン店であれば、本部にはチェ

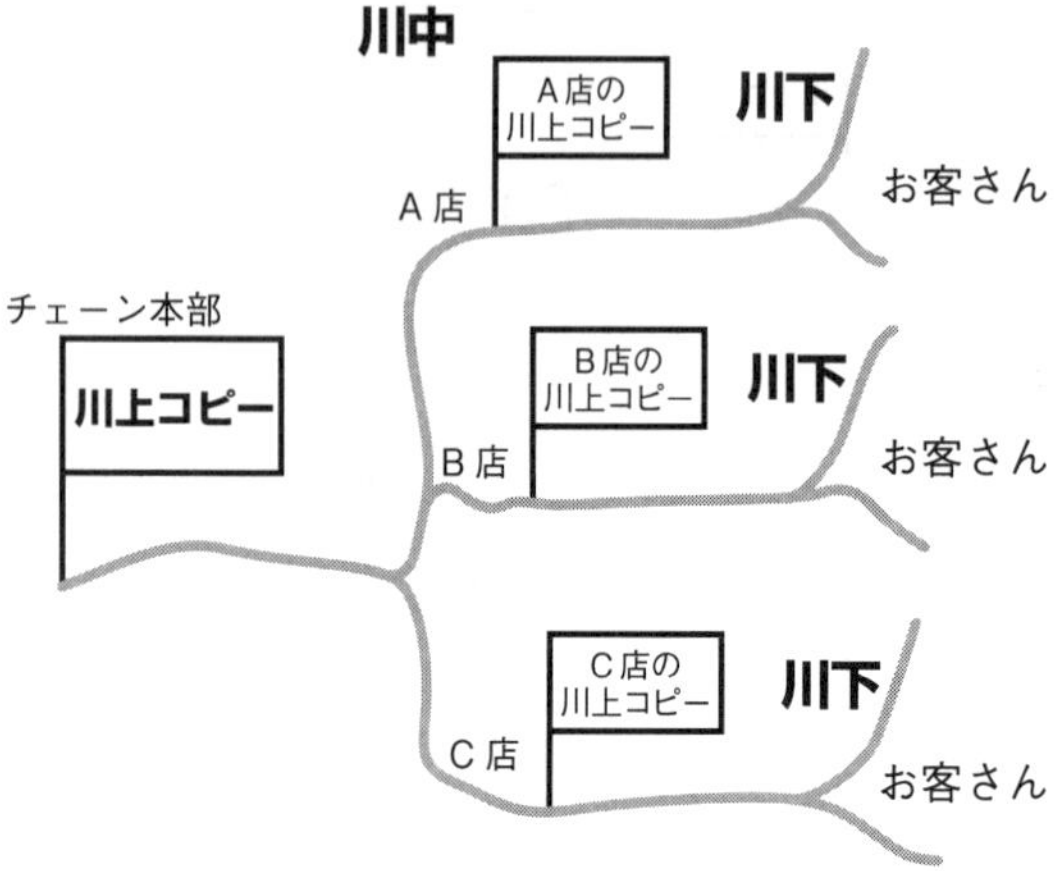

ーン全体の「川上コピー」があり、そこから分岐していくイメージです。各店舗の施策はチェーン全体からみると「川中」にあたりますが、それぞれの店舗ごとに「川上コピー」がある方が、より重層的なストーリーが生み出されるでしょう。

†あらゆるプロジェクトも「川上から」

このように「川上コピー」はもともと、企業におけるキャッチコピーの階層を表現するために開発した言葉でした。

しかしよくよく考えてみると、企業におけるキャッチコピーだけでなく、すべてのプロジェクトにも川上〜川下の階層があることに気づいたのです。それはビジネスシーンだけとは限りません。

そこに明確な「旗印の一行」があるかどうかで、その成果が大きく変わるはず。

だとしたら、会社経営の川上だけでなく、広くプロジェクトの「旗印」になる言葉を「川上コピー」と呼んでもいいのではないか、と考えました。

たとえば、個々のプロジェクトであれば、川上にその「理想」「大義」「方針」「目標」「コンセプト」などを言語化した旗印をかかげ、川中ではそれをより具体化するための「中期目標」「グループごとの目標」に分割し、そこから「短期目標」「一人一人の役割分担」を決めていくというイメージです。

「川上」に、強い意志を持つ「旗印の一行（川上コピー）」があり、構成員にきちんと共有されていれば、たとえ道のりが長く険しかったとしても、羅針盤としての役割を果たすので、川中や川下の施策がブレません。

いかがでしょう？

あなたも自分が関わるプロジェクトに、「川上コピー」を掲げたくなったのではないでしょうか？

あなたが経営者であれば、会社の「川上コピー」を考え直したくなったかもしれませんね。

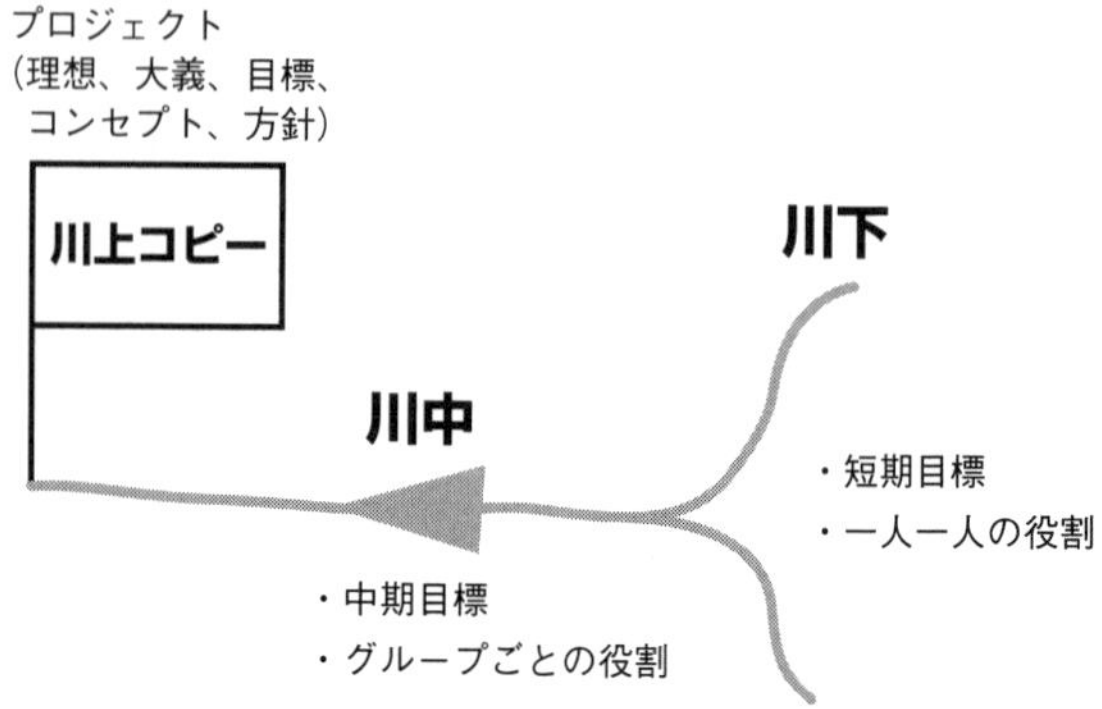

とはいえ、「川上コピー」を建前にせず、きちんと旗印としての役割を果たす一行にするためには、やはりコピーライティングの技術が必要です。まれに言葉のセンスがある経営者やプロジェクトリーダーは、それが自然とできる場合もありますが、多くの場合ひとりよがりの言葉になり、うまく伝わっていきません。

だからと言って、広告代理店、制作会社、コンサルティング会社などに「川上コピー」を依頼しても、うまくいくことはまれです。

なぜなら、機能する「川上コピー」を生み出すプロセスは、いわゆる川下や川中における広告コピーを書く技術とはまったく違うからです。

経営者やプロジェクトリーダーから取材を重ね、彼らが考えるコアな部分によけいな装飾を加えず、それでいて彼らがうまく言語化できずにもやもやしていたものを短くシンプルなフレーズで表現する能力が必要なのです。

広告代理店や制作会社にいるような一般的なコピーライターは、それが苦手な場合が多い。コンサルティング会社には、シャープな言葉を生み出す人間がいないことの方が多い。何度リテイクを重ねても、違和感なくピタッとくるフレーズがうみだされることは、まれでしょう。それでは時間とお金の無駄使いです。

それなら、経営者やプロジェクトリーダーが自ら考える方がいい。

しかしながら、「機能する川上コピー」をつくるための参考書と呼べる本はなかなかみつかりません。だとしたら、「川上コピー」という言葉を生み出した本人が書くしかないと考えたのが、本書を執筆することになった動機です。

本書は「川上コピー」が必要な経営者やプロジェクトリーダー、また商品開発などマーケティングの担当者に向けて書いたものです。もちろん、未来にそのようなポジションを目指す方にとっても大いに参考になるでしょう。

加えて、普通に読み物としてもおもしろいものを目指しました。

本書の構成は以下の通りです。

第一章では、「経営」「事業」における、すぐれた「川上コピー」の事例を紹介していきます。会社や事業に、ワクワクとした未来のビジョンを描く「川上コピー」があると、その会社や事業はまわりから応援してもらえる「物語の主人公」になれます。そうなると、従業員からもお客さんからも社会からも「モテる会社」になれるのです。当然、そこで働きたいという人も増えるので、求人にも有利に働きます。

第二章では、プロジェクトにおける「川上コピー」の重要性を語っていきます。そのプロジェクトがどういうものであり、どこを目指すのかという明確な目標やビジョンを短いフレーズで表現する「川上コピー」があることで、組織が活性化してひとつにまとまることができるのです。

第三章では、「商品開発」「サービスモデル」「広告宣伝」などマーケティング分野における「コンセプト」について解説します。「川上」におけるコンセプトが明快だったことで、ヒットした事例を紹介していきます。

第四章では、「経営」「事業」における「川上コピー」を中心に、すべての場面で使える書き方について言及します。

第一章

「経営」「事業」は川上から始めよ

（1）GAFAの「川上コピー」は、どこがすごいのか？

†「空気コピー」に成功なし

第一章では、まず会社経営や事業の「川上コピー」を見ていきましょう。

一般的には「経営理念」「ビジョン」「ミッション」「企業スローガン」などという言葉で表現されるフレーズで、会社の「存在意義」「根本的な価値観」「事業を行なうにあたっての志」「目指すゴール」「社内外に向けての旗印」などを表現するものです。

残念ながら、日本の企業においては、未来に向けての羅針盤となるような、その会社オリジナルのいきいきとした「川上コピー」が掲げられていることはまれです。

「経営理念」「ミッション」は、どんな企業が言ってもいいような、仕事における心構えや道徳律のようなものになりがち。

「ビジョン」も、その企業でなければ言えないようなワクワクした「未来予想図」が絵で浮かぶようなものは少ない。

「企業スローガン」は、よくある常套句や意味のよくわからない英語のものが多い。これらを私は「空気コピー」と呼んでいます。「空気コピー」とは、あってもなくてもわからないようなキャッチコピーのことをいいます。

パナソニック創業者の松下幸之助は、「経営理念を確立して浸透させれば、その事業は半分成功したものと同じ」という言葉を遺しています。

確かにその通りだと思います。

しかし、ワクワクしない常套句で空気のような「理念」をいくら浸透させても、事業は成功しないのではないでしょうか？

たとえ、朝礼で唱和させたり、クレドカードにして配ったりしても効果はあがりません。

†GAFAの「川上コピー」は？

本章では、まずは世界中で成功しているグローバル企業の「川上コピー」を見ていくことにします。

なぜなら、そのような企業には、ミッション、ビジョン、企業スローガンと名前は違っても、旗印になりえる非常にわかりやすい「川上コピー」が掲げられていることが多いからです。

そのような明確でわかりやすい「川上コピー」があったからこそ、それらの企業はグローバルで成功している、と言っても過言ではありません。

きっと、あなたの会社の「川上コピー」を考える上で参考になるはずです。

最初に、GAFA（ガーファ）と呼ばれる企業の「川上コピー」を見ていきます。

GAFAは、最近よく耳にするのでご存知の方が多いと思いますが、Google（グーグル）、Amazon（アマゾン）、Facebook（フェイスブック）、Apple（アップル）というアメリカ発祥の世界的IT企業四社の頭文字をとったものです。AmazonとAppleは順番が入れ代わることもあります。

それぞれの企業が手がける「検索」「EC」「SNS」「スマートフォン」の分野で圧倒的な市場シェアをしめています。四社合計の時価総額は、三〇〇兆円を超え、日本の株式市場全体の時価総額の約半分に相当するそうです。

また単に規模が大きいだけでなく、我々の生活に直結する大きな社会的変革を推進してきたことでも特別な四社と言えます。

では、順番に見ていきましょう。

†世界の情報を整理し、誰もが使えるようにする（Google）

一九九五年、のちにGoogleの創業者となるラリー・ペイジとセルゲイ・ブリンは、アメリカ・カリフォルニア州にあるスタンフォード大学で出会います。

二人は、大学の寮の一室でインターネットにおける「検索エンジン」の開発にのりだしました。

当時、検索エンジンは、ポータルサイトのおまけぐらいにしか考えられていませんでした。しかし二人が目指したのは、他のウェブページからのリンク数に基づいてそのサイトを評価する革新的な検索エンジンでした。学術論文が、引用される数が多いほど評価されるのと同じ考え方です。それまでは、ページ内の検索語の登場回数によってそのサイトが評価されていたのです。

二人は当初、この検索エンジンを「BackRub」と名付けました。背中へのマッサージという意味です。

しかしすぐに一〇の一〇〇乗（一の後にゼロが一〇〇個並んだ）値を表す数学用語である「googol」という数学用語をもじった「Google」に改名されました。検索エンジンが莫大な量の情報を提供するものであることを示す、という意味もふくまれています。

やがてその存在は、シリコンバレーの投資家の中で知られていくようになり、一九九八年には一〇〇万ドル（約一億円）の投資をうけ、法人化されました。

その後、Googleは、ロボット型検索を武器に、高速で重要な順に結果を表示する検索エンジンとして知られるようになりました。そして、はるか先を行っていたヤフーなどを追い越し、瞬く間に検索エンジンのトップに立つことになりました。

その後もGmail・Googleマップ・Google Earthなど優れた無料オンラインサービスを提供。さらに動画共有サービスのYouTubeを買収。最近では、自動運転などさまざまなジャンルの開発に取り組んでいます。

二〇一五年には親会社としてAlphabetを設立し、Googleは子会社となりました。

現在、世界の「検索市場」におけるGoogleのシェアは九〇%を超え、完全な独り勝ちの状況になっています。二〇一七年度のAlphabetの売上は、一一〇〇億ドル（約一一兆円）を超え、その大半がGoogleの広告収入です。

大学生二人が起こしたベンチャーから二〇年あまりで、世界五〇カ国に六万人を超える社員数を抱える巨大企業へと発展をとげたGoogleは、創業当初から以下のミッションを掲げています。

世界中の情報を整理し、世界中の人々がアクセスできて使えるようにする。

Google's mission is to organize the world's information and make it universally accessible and useful.

Googleの歴史は、まさにこの一行に集約されていると言っても過言ではありません。この「川上コピー」があり、それが社内に浸透していたからこそ、Googleは発展し続けてきたと言ってもいいでしょう。

創業時からは、インターネットを取り巻く環境は大きく変化していますが、Googleが目指すことを言いあらわす、今でも通用する明快な「川上コピー」になっています。

Googleには、もうひとつ有名な「川上コピー」があります。

それが、社内向けの行動規範と言える以下のフレーズです。

「Don't Be Evil（邪悪になるな）」

非常に短いフレーズですが、社内向けの行動規範としては有効な「川上コピー」になってきました。

二〇一五年には、親会社のAlphabetが、このフレーズに変わる行動規範「**Do the Right Thing（正しいことをやれ）**」を発表したことでも話題になりました。「邪悪になるな」を捨てるのか、という声が沸き上がったのです。

「正しいことをやれ」よりも「邪悪になるな」の方が、「行動規範」としては強いフレーズだと、多くの人が感じたからこそでしょう。

†地球上で最も顧客中心の企業になる（Amazon）

Amazon.com（以下Amazon）の創業者であるジェフ・ベゾスは、プリンストン大学を卒業後、いくつかの企業で働いたのち、三〇歳の若さで大手ヘッジファンドの上級副社長をつとめていました。

一九九四年、ベゾスは、当時急速に発展するネット市場を調査する中で、インターネットで販売できる二〇種類程度の商品をリストアップして、どれを売るのが一番将来性があるかを調べました。

その結果、書籍のネット販売に大きなチャンスがあることがわかったのです。

理由は複数ありました。まず、本はどこで買おうが内容は同じ。つまり品質は保障されているのでネットでも安心して買い物ができること。次に、ＩＳＢＮコードできちんとデータベース化されていて仕入れが容易だったこと。

さらに、出版業界に圧倒的な強者がいないことも大きな理由でした。

売り手である出版社は何万もあり、常に売り先を求めている。販売側でいうと、当時、全米二大書店チェーンのバーンズアンドノーブルとボーダーズの売り上げをあわせても、書籍全体の売り上げの二五％以下の状況でした。そしてどんなに超大型書店であっても、本の在庫は一七万五〇〇〇種類が精一杯。当時出版されている英語の書籍全体の一五〇万点からすれば一五％にも満たない。

つまり出版業界は「大きなことが非効率に行なわれている市場」で、巨大なライバルがいない状況だったのです。

ベゾスは、自身が思いついたアイデアを実行に移すため、勤めていたヘッジファンドを退社。オンライン書店Amazon.com（アマゾン・ドット・コム）を創業します。

オンラインのウェブサイトはアルファベット順にリスト表示されるため、先頭にくる「A」で始まる単語を辞書でチェックしていく中で、社名を探したのです。自らの会社が世界最大の流域面積を誇るアマゾン川のように世界一になるように、という願いも込められていました。

起業してからサービスを開始するまでには、八カ月の時間をかけました。顧客にスムーズな買い物をしてもらえるように、サイトの改善を繰り返したのです。

一九九五年七月、Amazon.comはサービスを開始します。

設立からわずか一カ月で、アメリカ全州に加えて世界四五カ国にも書籍を販売できるようになりました。利用者は順調に増え、同年一〇月には一日一〇〇件以上の注文が来るようになり、一年もたたないうちに一時間に一〇〇件以上の注文が来るようになります。一九九七年五月にはナスダックへ上場を果たしました。

このようにAmazonは急成長を遂げましたが、しばらくは赤字続きでした。利益よりも顧客サービスに繋がるシステムなどの投資にお金をまわしたからです。

また、それによって得た利益をさらに投資にまわすというシステムで、成長を加速度的にあげていきました。

二〇〇一年には、ITバブルの崩壊で、Amazonの株価は一株あたり六ドル以下まで落ちるというピンチをむかえましたが、何とか乗り切ります。

その後、Amazonは「マーケットプレイス」「アマゾンプライム」「キンドル」などのサービスを実施することで大きく飛躍していきます。そしていつの間にかオンライン書店ではなく、ありとあらゆるものを売る総合オンラインショップとなりました。

二〇一七年度には、世界に約三八万人の社員を抱え、次年度には売上高二〇〇〇億ドル(二〇兆円)を超える世界有数の企業へと発展したのです。

そんなAmazonが、創業時からかかげるミッションは以下の通りです。

地球上で最も顧客中心の企業になる

to be Earth's most customer-centric company

ベゾスは会社を辞めてオンライン書店を起業する際、まず書店をどう開いたらいいかを勉強しようと思い立ちます。

そこで、全米独立系書店の団体が主催する「書店開業セミナー」に参加しました。自己紹介で「オンライン書店を開業します」と言ったら、みんなから「まあ頑張ってね（無理だと思うけど）」というような冷たい反応だったといいます。

そしてそのセミナーの中で、ある書店の店長が話したエピソードが、前記のミッションに繋がることになるのです。それは以下のようなものでした。


ある女性客がカンカンに怒っているというので、その書店の店長が対応することになった。店の前に止めたクルマに、書店の二階のバルコニーに飾ってあった植木鉢から土が落ち、汚れてしまったのが理由。

「今朝、洗車したばかりなのにどうしてくれるの？　夫は弁護士よ」とすごむ女性客に店長は丁寧に「洗車させていただけますか？」と提案した。

女性客が承諾したので、店長はそのクルマに乗って洗車できるガソリンスタンドを目指した。しかしあいにくその店は改装中。

ますます怒る女性客に、店長は「うちで洗車させてください」と言って、町の反対側にある自宅に案内した。そしてホース、バケツ、洗剤、ブラシなどを用意して、精一杯丁寧にそのクルマを洗った。そのクルマは全体的にかなり汚れていてとても洗車したてとは思えなかったが、まるで新車を扱うように丁寧に洗ったのだ。

すると、その女性客は、さっきは言いすぎたと謝りお礼を言った。

そして夕方再び店に現れ、大量に本を買ってくれた。それだけでなく、そのエピソードを多くの友人に話して、彼女たちもうちの店に来て買ってくれた。

その店長は最後に「このように顧客サービスでやりすぎることはない。特にうちのような小さな書店なら、これくらいはやらなきゃいけないんだよ」とまとめた。

ベゾスはこのエピソードを聞き、大きく心が揺さぶられました。そして、のちにAmazonのミッションになる「地球上で最も顧客中心の企業になる」の種を思いついたといいます。

「顧客第一」を掲げる企業はよくありますが、大抵の場合、きちんと実行されていません。Amazonは、「地球上で最も顧客中心の企業になる」とまで強く言い切っていることで、強い「川上コピー」になっています。

そしてそのフレーズどおりに、利益を後回しにして顧客がスムーズに買い物体験をできるようなサービスの構築にお金をかけたことで、Amazon は短期間の間に、誰も追いつけない巨大企業へと変貌をとげたのです。

†世界をよりオープンにしてつなげる（Facebook）

世界最大規模のＳＮＳ（ソーシャルネットワーキングサービス）であるFacebookは、ＧＡＦＡの中では一番若い企業です。

二〇〇四年、Facebook の創業者で、当時ハーバード大学の学生だったマーク・ザッカーバーグは、仲間たちと一緒に、学内で学生同士の交流を図るために「ザ・フェイスブック」というネットワークシステムを構築しました。大学の中で興味ある分野や趣味といった情報をオンラインでまとめ、クラスメートと共有してつなぐためのものでした。これがFacebook の始まりです。

本人の登録制ながら、一週間たらずでハーバード大学の約半数の学生が参加しました。さらに他の大学生からの「同じようなサイトが欲しい」との要望に応え、いわゆるアイビー・リーグ（アメリカ東部の名門私立大学）など他の大学の学生にも開放しました。

こうして三週間後には登録者六〇〇〇人を超え、Facebook は投資家たちから注目を集める存在になりました。

数カ月後、PayPal の共同設立者であるピーター・ティールから五〇万ドル（約五〇〇〇万円）の投資を受けます。ザッカーバーグはハーバード大学を中退し、フルタイムで会社の運営に当たるようになりました。さらに二〇〇五年には、一二七〇万ドル（約一二億七〇〇〇万円）の投資を集め、一般にも利用できるようになった二〇〇六年には二七五〇万ドル（約二七億五〇〇〇万円）の資金を得ることに成功しました。

こうして急速な成長をとげた Facebook は、二〇一二年四月には写真共有アプリ Instagram（インスタグラム）を一〇億ドル（一〇〇〇億円）で買収。さらに翌月、ナスダックへの上場を果たします。これにより、一六〇億ドル（一兆六〇〇〇億円）以上の資金を調達しました。

そんな Facebook が創業時からかかげていたミッションは、以下のものです。

世界をもっとオープンにしてつなげる

making the world more open and connected

Googleが「全世界の情報を整理し提供する」というのとは正反対の考え方で、「友人同士が繫がることでお互いに情報を教えあう世界」をつくろうとしているのです。

ザッカーバーグは、このミッションを「川上コピー」にして熱意を燃やし続けることで、さまざまな困難に打ち勝ってきました。

二〇〇六年には、ヤフーから一〇億ドル（約一〇〇〇億円）での買収提案がありました。当時のFacebookは、ユーザー数が八〇〇万〜九〇〇〇万人、売上は二〇〇〇万ドル（約二〇億円）しかありません。投資家の多くは売却をすすめました。

しかし、ザッカーバーグは「世界をもっとオープンにしてつなげる」というミッションを自らの力で達成したいと、この提案を拒否します。売却すれば、ザッカーバーグ個人に莫大なお金が入ってきたのにもかかわらずです。

ちなみに、この一〇年後の二〇一六年、Facebookの時価総額は、ヤフーが提案した買収額の四〇〇倍以上になりました。

二〇一七年六月、Facebookは、これまでに代わる新たなミッションを発表しました。

それが以下のものです。

世界をもっと近づける

bring the world closer together

ミッションの完全版は「To give people the power to build community and bring the world closer together（人々にコミュニティを作る力を提供し、世界をもっと近づける）」となっています。以前の完全版である「To give people the power to share and make the world more open and connected.（人々に世界をもっとオープンにしてつなげる力を分かち合い提供する）」とは、わずかの違いです。

ザッカーバーグは、CNNのインタビューで、この違いを語っています。

「もちろん今までのミッションの内容も重要で、まだ終わってはいない。でも、もっとやるべきことがあると感じた。なぜなら、人々に意見を表明する場所を提供し繋がりを助けたら世界は自然とよくなっていくと思っていたけど、人間の社会はいまだに分断されているから。だからもっと積極的に動く必要がある。人と人の距離をもっと縮めるために」

そして、今後は新しい「川上コピー」にそって、同じテーマに関心があったり、趣味が同じだったりする利用者が集まって意見や情報を交わす「グループ」機能を強化していくという方針をうちたてました。

†Think Different.（Apple）

ＧＡＦＡのトリを飾るのは、アップル（Apple）です。

他の三社がインターネットの普及とともに成長してきた企業なのに比べて、Apple の歴史は長く、創業は一九七六年にさかのぼります。ミッションやビジョンなどで言いあらわすような「川上コピー」が明文化されていないことも特徴です。

おそらく、創業者の故スティーブ・ジョブズの強烈な個性と無関係ではないでしょう。ジョブズの存在や彼の数々の発言こそが、Apple の「川上コピー」だったと言えるかもしれません。

ジョブズは、大学中退後二一歳でアップルコンピューターを創業。二五歳だった一九八〇年に株式公開を果たし、二億ドル（約二〇〇億円）の資産を手に入れます。一九八四年には「Macintosh（愛称 Mac）」を発売し、Apple の名前は広く世の中に知られるようになります。

しかしその直後、ペプシコーラから自らが引き抜いたジョン・スカリー社長との間に確執が起こり、一九八五年には「自ら作った会社」を追放されてしまいます。この時、ジョブズは三〇歳でした。

Appleを去ったジョブズは、NeXTやピクサーなどで大きな業績をあげました。

そしてさまざまな紆余曲折をへて、一九九六年にジョブズは非常勤顧問としてAppleに復帰します。当時、Appleは不振にあえいでいました。根強いMacファンはいたものの、Microsoftを筆頭とするWindows PC陣営との競争に敗れて、倒産寸前と噂されるほどの業績だったのです。

そんな瀕死状態の会社で、ジョブズが最初にやった仕事が、Appleのブランドイメージを回復させることです。

元々、Macは、デザイナーなどクリエイティブな仕事をする人たちに熱狂的な支持をうけたブランドでした。テクノロジーとクリエイティビティを融合させることで、人間の創造性をさらに増幅させてくれるコンピューターをつくるのがAppleのDNAだったのです。

それがWindows95の登場で、「直感的で使いやすいユーザーインターフェイス（使用者とコンピューターが情報をやりとりする仕組み）」という今までのAppleの優位性がなくなってしまいました。

世間では、それがAppleの衰退の原因だと言われていたのです。

しかし、ジョブズは、「Appleが衰退している本当の原因」が製品そのものにあるのではなく、「自分たちが何者か？」ということを見失っていることにあると考えました。「Appleが本来持っている価値」を、市場も投資家も、さらに社員でさえも、忘れかけていることにこそ問題があると考えたのです。

ジョブズは、「Appleが本来持っている価値」を、市場にも社員にも思い起こさせるために、世界規模の広告キャンペーンをうちました。

その時のキャッチコピーが以下のものです。

Think Different.

ミッションやビジョンなどが明文化されていないAppleですが、二〇年前のこの二つの単語だけのフレーズが、現在でも「川上コピー」の代わりになっていると言っていいくらいのインパクトがありました。

TVCMは、アインシュタイン、ボブ・ディラン、キング牧師、ジョン・レノン、モハメド・アリ、マハトマ・ガンディーなどの人物が登場するモノクロ映像が流れ、そこに以下のようなナレーションが重なります。

Here's to the crazy ones. The misfits. The rebels. The troublemakers.
The round pegs in the square hole. The ones who see things differently. They're not fond of rules. And they have no respect for the status quo. You can quote them, disagree with them, glorify or vilify them. About the only thing you can't do is ignore them. Because they change things. They push the human race forward. And while some may see them as the crazy ones, we see genius. Because the people who are crazy enough to think they can change the world are the ones who do.

（日本版の字幕）
クレージーな人たちがいる
反逆者、厄介者と呼ばれる人たち
四角い穴に丸い杭を打ちこむように
物事をまるで違う目で見る人たち
彼らは規則を嫌う、彼らは現状を肯定しない
彼らの言葉に心をうたれる人がいる
反対する人も賞賛する人もけなす人もいる
しかし彼らを無視することは誰もできない
なぜなら、彼らは物事を変えたからだ
彼らは人間を前進させた
彼らはクレージーと言われるが私たちは天才だと思う
自分が世界を変えられると本気で信じる人たちこそが
本当に世界を変えているのだから

そして最後にAppleのロゴと、Think Different.というコピーのみ。日本版のCMやポスターでも、Think Different.というコピーはそのままでした。翻訳するのが難しいのも理由のひとつでしょう。

英語の文法としても正確ではなく、本来であればThink differently.が正しく、それだと「違うように考えなさい」という意味になります。それをあえて文法を崩して、「different」という原型を使うことで、「違う視点で考えなさい」「違いを考えなさい」「違うということについて考えなさい」等いろいろな意味に取れるのです。

商品もその性能も一切出てこない。何のCMかも最後までわからない。

当時、Apple社内で事前にこのCMが試写された時には、ほとんどの社員がその価値をまったく理解できず、営業サイドからは強い反対があったそうです。倒産の危機にある時に、こんなよくわからないCMを莫大なお金を使って流している場合かと。

しかし実際は、このキャンペーンからAppleは大復活を果たします。

クレージーと言われながらも現状を打破し、自分が世界を変えられると本気で信じている人たちの映像が、Appleの価値と重なったのです。それは同時に、そんなApple製品を使っているユーザーたちの価値とも重なりました。Apple製品を使うことにどんな価値があるかは、何万字をかけて論理的に説明しても無理でしょう。しかし、ジョブズは、Think Different. というたった二つの単語によって表現したのです。

この「川上コピー」によって、Apple は完全に勢いを取り戻しました。フォーブス紙によると、このコマーシャルのリリースから一年以内に、アップルの株価は三倍に跳ね上がったほどです。

ここからの Apple の快進撃は、ご存知の通り。iPod・iTunes・iPhone など、まさに Think Different. という「川上コピー」を体現するような商品やサービスが川下で出現したのです。

（2）大きな成長をとげたグローバル企業の「川上コピー」

ここからは、GAFA以外で、わかりやすい「川上コピー」を掲げたことで大きな成長をとげたグローバル企業の例を見ていきます。

†「サード・プレイス」をつくる（スターバックス）

まずは全世界の数多くの国々で、二万七三三九店舗（二〇一七年一一月発表）の店舗を展開しているカフェチェーン、スターバックスの「川上コピー」を見ていきましょう。

スターバックスを、現在のようなカフェチェーンに育て上げた実質的な創業者は、ハワード・シュルツです。

一九五三年、ニューヨーク・ブルックリンで生まれたシュルツは、貧しい経済状況の中、特待生として奨学金を得て大学を卒業。その後、働いていた会社の取引先としてスターバックスコーヒーに出会います。

その頃のスターバックスコーヒーは、主にコーヒー豆、紅茶、スパイスなどを販売しているシアトルの会社でした。シュルツは、コーヒー好きなこともあり、一九八二年にマーケティングディレクターとしてスターバックスコーヒーに入社します。

転機になったのは一九八三年、シュルツがイタリア・ミラノに出張した時のことです。立ち寄ったバール（エスプレッソ・バー）で「カフェラテ」に出会いました。コーヒーにミルクを入れた飲み物だろうくらいに思って注文したら、エスプレッソと泡立てたミルクが完璧に調和していることに驚きました。アメリカでコーヒーの仕事をしていながら、その存在をまったく知らなかった。多くのアメリカ人もきっとその存在を知らないだろう。シュルツは、このカフェラテをアメリカ人に伝えていくことこそが自分の使命だと感じたのです。

さらにシュルツは、バールというイタリア人の生活の一部として深く根付いている文化に、深く感銘をうけました。

どの店も、何とも言えない心地いい雰囲気につつまれていました。シュルツは気づきます。「ここに集う人たちは、単にコーヒーを飲みに来ているのではない。その場所にいること自体に価値を見いだしている」と。

シュルツは、バールをアメリカ風にアレンジして、カフェとしてシアトルに持ち込めば、もっと多くの人にコーヒーを楽しんでもらえるのではないかと考えるようになったのです。一九八四年、創業者を説得して、試験的に店舗をオープンすると大成功。しかし、コーヒー豆販売にこだわる創業者と意見があわず、翌年、シュルツは退社して自らがカフェを立ち上げることにします。

シュルツが、そのときに考えた「コンセプト」は以下の通りです。

「サード・プレイス（第三の居場所）」

「サード・プレイス」とは、もともとアメリカの社会学者レイ・オルデンバーグが一九八九年に書いた著書『The Great Good Place』の中で生み出した概念です。

「ファースト・プレイス」は自宅など生活を営む場所。「セカンド・プレイス」は働く場所。いわゆる職場です。そして、現代社会においては「サード・プレイス」が必要だと提唱しました。「サード・プレイス」とは、自宅でも職場でもない、その中間にあって一個人として、ほっと一息つけるような、リラックスしてくつろぐことができるような「第三の居場所」のことです。

イタリアにはバールが、イギリスにはパブが、フランスにはカフェがあるのに、アメリカにはそんな場所がなかった。シュルツは、そこに目をつけて「サード・プレイス（第三の居場所）をつくる」という「志（＝川上コピー）」を掲げることにしたのです。

そのような「川上コピー」があると、店は単にコーヒーを売って飲むだけでは成立しません。

多くの人が、「居心地がいい」と感じる場所にする必要があります。

くつろげるソファなどがある落ち着いたインテリアはもちろん、照明、匂い、BGMなど五感を刺激する要素も重要になってきます。さらに、スタッフの応対もとても大切です。

このような考えのもとでシュルツが作った店は、大人気店となりました。翌一九八七年には地元の投資家たちの支援を得て、三八〇万ドル（約四億円）でスターバックスを買収し、シュルツは同社のCEOに就任することになったのです。

こうして誕生したスターバックスの店舗は、数多くの人たちから圧倒的な支持を得ました。人々は、ただコーヒーを飲みに来るのではなく、サード・プレイスとしてのスターバックス体験を楽しんだのです。

シアトルからスタートした店舗はまたたくまに全米に広がり、さらに世界へと広がっていきました。

一九九二年には、コーヒーショップとしては初となるナスダック上場を果たします。日本にも、一九九六年に東京・銀座松屋通りに一号店がオープン。

「カフェラテ」「マキアート」「フラペチーノ」などの今までのカフェになかったメニューはもちろん、「ショート」、「トール」、「グランデ」という、聞き慣れないサイズ選びが、当時は新鮮でした。

今や、日本全国の多くの都市に一四三四店舗（二〇一九年三月末現在）があります。

†すべてのデスク上と、家庭内にコンピューターを（マイクロソフト）

ウィンドウズで知られるマイクロソフト社は、一九七五年にビル・ゲイツとポール・アレンによって設立されました。

一九五五年シアトルで生まれたゲイツが、小学生の頃から興味を示したのが、当時、世の中に出回り始めたばかりのコンピューターでした。一二歳の頃には、二歳年上だったポール・アレンとともに「学校の時間割を自動的に管理するソフト」を開発、これが学校に五〇〇ドルで売れました。

「コンピューターはお金になる」と確信したゲイツは、その後も、アレンたちとさまざまなソフトを開発し、一夏に大金を稼いだこともありました。

その後、ゲイツはハーバード大学に進学します。そして、大学を中退してボストンでプログラマーになっていたアレンと再会。二人で会社を設立することについて語り合うようになりました。

ゲイツとアランは、一九七五年にＭＩＴＳが発売した世界初のパーソナルコンピューター「Altair 8800」の記事に触発され、プログラミング言語のひとつ「ＢＡＳＩＣ」を移植するアイデアを思いつきます。ゲイツは手元に何もない状態でＭＩＴＳに売り込みをかけ、アレンとシミュレーションプログラムを作ることに成功しました。

大学を中退したゲイツは、アレンとともに、ＭＩＴＳの本社があった米南西部のニューメキシコ州でソフトウェア開発会社を立ち上げます。それが「Micro-Soft」でした。のちに社名からハイフンが外れ、Microsoft（マイクロソフト）になりました。

ゲイツ一九歳、アレンは二二歳でした。従業員は一一人。

そして、この時、二人が掲げたビジョンが以下のものです。

すべてのデスク上と、すべての家庭内にコンピューターを

A computer on every desktop and in every home.

まだパーソナルコンピューターが開発されたばかりの時代に、ゲイツとアランは壮大なビジョンを掲げたのです。

創業当時から、ゲイツはホワイトボードの前に社員たちを集め、このビジョンをいかに実現していくかについて何度も熱く語ったといいます。自身もこのビジョンを実現するために身を粉にして働き、職場の床で眠る毎日でした。ビジョンが「川上コピー」として機能していたということです。

マイクロソフトが大きな飛躍をとげたのは、一九八〇年、IBMからソフトウェア開発の依頼を受けたことでした。その時に開発したのがDOSです。

普通なら超大企業であるIBMの受注だけで満足しそうなものですが、ゲイツは違いました。パーソナルコンピューターの時代を見据えて、他の企業にもDOSを提供できるという契約を勝ち取ったのです。

これによりマイクロソフト社は大きく発展し、のちのウィンドウズに繫がっていきます。

残念ながらアレンは、病気が見つかり一九八三年に退社しましたが、Windows95 を契機にパソコンはオフィスや家庭内にどんどん普及していったのです。

二〇一五年四月、マイクロソフト社設立四〇周年の前日、ゲイツは全従業員にむかって電子メールを送りました。


「ポール・アレンと私は、創業当初『すべてのデスク上と、すべての家庭内にコンピューターを』というゴールを設定しました。それはあまりに大胆なアイデアで、多くの人たちはそんなことが可能だと思っている私たちのことを気が触れたと考えました。それからのコンピューターの長い道のりは驚くべきことですし、その革命の一端をマイクロソフト社がになえたことは、私たちの誇りに思ってよいことです」

掲げた当初は、人から笑われるような荒唐無稽のビジョンでしたが、四〇年以上たった今では、世界中の多くの国でごくごく当たり前の風景になりました。

マイクロソフトがこの「川上コピー」を掲げていなかったら、パーソナルコンピューターの普及は、もっと遅れていたかもしれません。

†どこにでも居場所がある世界をつくる（Airbnb）

シェアリング・エコノミーに関連する企業が、世界的に注目をあびています。シェアリング・エコノミーとは、、物・サービス・場所など、個人や企業などが保有する活用可能な資産などを、インターネット上のマッチングプラットフォームを介して、他の個人や企業などにも利用できるようにする経済活動のことをいいます。

中でも注目を浴びている企業のひとつが、Airbnb（エアビーアンドビー）です。Airbnbは、世界中で空き部屋などを宿泊施設として貸し出してくれる家主（ホスト）と、宿泊施設を探している旅行者（ゲスト）をつなげるプラットフォームを提供するサービスです。

日本でも、数年前から「民泊」という名前で話題になっているサービスです。Airbnbは世界約二〇〇カ国世界八万以上の都市に四五〇万件以上の宿泊先（二〇一八年現在）を登録する世界一の民泊サービス企業と言えるでしょう。創業からわずか一〇年で、三兆円を超える時価総額となりました。

Airbnb の始まりの物語は、以下のようなものです。

二〇〇七年一〇月。サンフランシスコに住んでいた美大出身の二人（ジョー・ゲビア、ブライアン・チェスキー）は、ルームメイトのひとりが出て行ったのと、急に上がった家賃の支払いに困っていました。

そこで彼らは、月末にサンフランシスコで開催される国際デザイン会議で、地元のホテルが満杯になるタイミングを狙って、自宅の余った部屋を貸し出そうというアイデアを思いつきます。その家は寝室が三つあり、リビングとキッチンにエアベッドを設置すれば、あと三人が泊まれるという広さでした。そこで自家製の朝食を提供することで、自宅を小さな B&B（Bed & Breakfast の略。宿泊と朝食をセットにした簡易宿泊施設）にしたのです。

彼らは「AirBed and Breakfast」というサイトを立ち上げ、「国際デザイン会議で新しい人脈をつくろう」というキャッチコピーとともに、一晩八〇ドルで泊まれるエアマットを三つ掲載しました。

本当に泊まってくれる人がいるか、本人たちも半信半疑でしたが、ふたをあければ三部屋とも埋まりました。三人ともプロのデザイナーで、中には五泊してくれた人もいました。

ゲビアとチェスキーは、彼らをサンフランシスコのいろいろな場所に案内し、仲良くなりました。そして一〇〇〇ドルの収入を得たのです。

二人はこのアイデアに着想を得て、もうひとりの共同創業者になるＩＴエンジニアのネイサン・ブレチャジックをひきいれ、二〇〇八年、Airbedandbreakfast.comというサイトを立ち上げます。翌年には、社名をAirbnbに変更しました。

彼らには、最初から高い「志」や「理念」があったわけではありません。思いつきから始めたビジネスで、その後もいろいろな失敗や障害がありましたが、自分たちの予想以上にビジネスは急拡大します。その要因のひとつに、サイトが美しくシンプルだったことがあると言われています。

Airbnbサイトは、以下の三つの方針で作られていました。

・簡単に使えること
・掲載物件が美しく見えること
・3クリック以内で予約が完了すること

これらの方針は、サイトを制作する上での川上コピーだったと言えるでしょう。

実際、Airbnbは、この三つの方針をきちんと実行していました。ホスト自身が撮った写真では限界があると、プロの写真家をホストの家に派遣していたぐらいです。ちなみに、3クリックルールは、アップルのジョブズがiPodを企画する時に、社内に示した方針を見習ったといいます。

Airbnbのサイトづくりの川上の方針が明確だったことも、他の類似サービスを引き離し、圧倒的なナンバーワンになった要因であったことは間違いありません。

二〇一四年、既に世界的企業になっていたAirbnbは、改めてそのミッションをつくりました。

それが以下のものです。

どこにでも居場所がある世界をつくる
Belong Anywhere

世界中どこへ行っても、その場所があたかも自分のホームグランドのようになじめるサービスを提供するという意味です。

これを「川上コピー」として旗印にするのであれば、部屋の貸し借りをマッチングするだけが事業領域とは限らないでしょう。実際、Airbnbのサイトでも「五年後、二〇年後の私達が部屋の提供をまだ続けているかはわかりません」と記載されています。

†人生を満たすために働く世界を創造する（WeWork）

シェアリング・エコノミーに関連する企業で、最近注目をあびているのが、WeWorkです。

WeWorkは、コワーキングスペースを提供するグローバル企業で、世界二六カ国九九都市四〇〇オフィスを構え、会員は約四〇万人という規模に達しています（二〇一八年一二月現在）。創業九年にして、その企業価値四七〇億ドル（約五兆円）と言われています。

日本にも二〇一八年に上陸して、ものすごい勢いで拡大しています。二〇一九年六月現在、東京に一六カ所、大阪、名古屋、福岡、札幌、横浜などに拠点を広げています。

創業ストーリーは、二〇〇八年にさかのぼります。

ニューヨーク・ブルックリンで子供服専門の小さな会社を経営していたイスラエル出身

のアダム・ニューマンは、オフィスについて悩みを抱えていました。自分たちのような個人経営に近い会社に適した物件がなかなかなく、結果として必要以上に広いオフィスを借りて家賃が高くなってしまうのです。

建築デザインの仕事をしていたミゲル・マケルヴィは、ニューマンの悩みを聞き、あるアイデアを思いつきました。彼がオフィスをかまえるビルをワンフロアごと借りて、小さく区分けして安い家賃で貸すというものです。

二人は意気投合し、ビルのオーナーにかけあいましたが、最初は相手にしてもらえませんでした。しかし何度断わられてもあきらめず交渉するうちに、とうとう空いていた一フロアを借りることに成功。オーナーも資金を出し、共同経営としてシェアオフィス事業を開始することになりました。

それが、WeWork の前身 Green Desk です。

起業を準備中にリーマンショクが起こりましたが、事業にはむしろ追い風でした。不況で雇用市場が冷え込むなか、一人で事業を起こす人が増えたからです。

最初のオフィスはすぐに満室。Green Desk は、わずか一年で、ブルックリンおよびクイーンズに七つのシェアオフィスをオープンしたのです。

しかしながら、アダム&ミゲルにとって、Green Deskは自分たちが本当に思い描く事業ではありませんでした。そこで、自分たちの株を共同経営者に売却。そこで得た資金で、マンハッタンのSoHoにビルを借り、二〇一〇年、二人でWeWorkを立ち上げることにしたのです。

社名は、「Me」という個人として参加しながらも、より大きな「We」の仲間になれる場所を提供していくという思いがこめられています。

そこからの急成長は、この項の最初に書いた通り。

シェアオフィスやコワーキングスペース自体は、世界的に珍しいものではありません。実際、日本でもかなり増えていました。そんな中、なぜWeWorkは多くの投資を集めることができ、世界的企業へと成長することができたのでしょうか？

それは、川上にある「理念」の違いだと考えます。

WeWorkが掲げるミッションは、以下の通りです。

ただ生きるためではなく、人生を満たすために働く世界を創造する

Create a world where people work to make a life, not just a living.

アダムとミゲルは、WeWorkを単にシェアオフィスとしての空間の貸し借りで終わらせるつもりはありませんでした。自分たちの事業を、「コミュニティをつくる場を提供するプラットフォーム」だと定義したのです。

そこに集う人たちが仕事に集中しながら、人的ネットワークを拡げられるオフィス環境を提供する。それによってメンバーは、自分のビジネスを活性化すると同時に、多くの人と繋がることで充足感を得て、人生が満たされる。

前述のミッションは、WeWorkがそのような場を提供するために存在することを表す「川上コピー」になっているのです。

実際に、各拠点には、会員間をつなげる役割を果たすコミュニティー・マネジャーと呼ばれる社員が配置されていて、さまざまなイベントを開催することで出会いを取り持つように工夫されています。直接またはアプリ上で、「こんな人がいるので会ってみませんか?」と提案されることもあり、ハード面でも、会員の交流がおこりやすいようにデザインされています。

このような川上の「理念」が、多くの投資家たちの心に響いたのです。ソフトバンクグループの孫正義さんは、わずか四五分で巨額の投資を決めたといいます。

WeWorkは二〇一九年一月に「The We Company」に商標変更しました。シェアオフィス事業以外にも、教育事業などさまざまな領域に手を拡げつつあります。

（3）日本の企業にもある素晴らしい「川上コピー」

†日本企業の「川上コピー」は？

ここまで、主にアメリカ発のグローバル企業の「川上コピー」を見てきました。

本章の冒頭に、「残念ながら、日本の企業においては、未来に向けての羅針盤となるような、その会社オリジナルのいきいきとした『川上コピー』が掲げられていることはまれです」と書きました。

確かに、企業のホームページなどで、「経営理念」「ミッション」「ビジョン」として掲げられているフレーズには、退屈なものが多いのは事実です。

ただ、もちろん日本企業にも、素晴らしい「川上コピー」と呼べるフレーズは存在します。ここからは、日本の企業において、「川上コピー」として機能していると思われる例をいくつか見ていきましょう。

†「やってみなはれ」（サントリー）

もともとは創業者・鳥井信治郎《とりいしんじろう》の口癖から生まれたフレーズでした。それがそのままサントリーの「企業スピリッツ」としてずっと伝えられてきたのです。社内だけでなく、広く世の中に知られています。

一八九九（明治三二）年、信治郎は大阪市西区で鳥井商店（後に寿屋《ことぶきや》に改名）を開業し、スペインからの輸入ワインの販売にのりだしました。しかし、まったく売れずに大失敗します。当時、ワインはごく一部の人々が薬としてたしなむ程度で庶民には馴染みがなく、その酸味や苦みが口に合わなかったのです。

それでも、信治郎はくじけませんでした。試作に次ぐ試作の末、当時の日本人の口にあった甘口葡萄酒「赤玉ポートワイン」を完成させます。画期的な宣伝手法により大ヒットしました。

しかし、その成功に安住する信治郎ではありませんでした。次に、国産ウイスキーの製造販売に乗り出そうとしたのです。長い年月がかかるためリスクが高いウイスキー製造に、周囲は猛反対しました。信治郎は、「自分の仕事が大きくなるか小さいままで終わるか、やってみんことにはわかりまへんやろ」と、「赤玉ポートワイン」で得た利益をほぼつぎ込み、国産ウイスキーの製造に取り組んだのです。

一九二九（昭和四）年、世に出した初の本格国産ウイスキー「白札」は焦げくさい、煙くさいなど評判は散々でした。信治郎はそれでもめげずにそこから八年後に「角瓶」を完成させ、大ヒット商品になります。

こうして日本に洋酒文化を根付かせていった信治郎の口癖が、「**やってみなはれ。やらなわからしまへんで**」というものでした。

「やってみなはれ」は、意味としては「やってみなさい」ということなのですが、ただそのような表面的な意味だけではありません。新しい価値を生み出そうとする挑戦をたたえつつ、その背中を押す言葉だと言えるでしょう。

それでいて、大阪弁であることで、どこかやわらかいニュアンスが加わります。

サントリー宣伝部出身の作家、開高健は「やってみなはれ」について以下のように解説しています。

「細心に細心をかさね、起り得るいっさいの事態を想像しておけ。しかし、さいごには踏みきれ。賭けろ。賭けるなら大きく賭けろ。賭けたらひるむな。徹底的に食いさがってはなすな。鳥井信治郎の慣用句〝やってみなはれ〟にはそういうひびきがあった。八十三年の生涯にもっともしばしば彼が使った日本語はこれである」（『やってみなはれ　みとくんなはれ』山口瞳・開高健、新潮文庫）

「やってみなはれ」の精神は、信治郎の次男である二代目社長・佐治敬三以下、代々の社長にも引き継がれています。そして、サントリー社内の日常的な会話の中でも使われているくらい実際に浸透しています。「やってみなはれ」は、まさに「川上コピー」としての役割を果たしているのです。

サントリーはその後、時代時代で「人間の生命の輝きをめざし」「人と自然と響きあう」「水と生きる」等の社是、企業理念、コーポレートメッセージを発表しました。しかし、今でも「川上コピー」として機能しているフレーズは、やはり「やってみなはれ」と言えるでしょう。

†ココロも満タンに（コスモ石油）

コスモ石油は、一九八六年に、大協石油、丸善石油、精製コスモ（大協と丸善の石油精製合弁会社）の三社が合併して発足した会社です。ブランド名の「cosmo」は、宇宙のcosmosと世界市民のcosmopolitanから取ったもの。

コスモ石油が一九九七年から掲げるコーポレートメッセージが、以下のものです。

ココロも満タンに

テレビCMの最後にサウンドロゴとして流れる、♪コ・コ・ロも満タンに　コ・ス・モ石油♪　のメロディーが頭に浮かぶ人も多いのではないでしょうか？

このフレーズは、コピーライターの仲畑貴志さんによって生み出されたものです。「ガソリンを売ることで消費者の心を満タンにできなければ、それは本当の意味でいい企業とは言えない」という意味をこめて開発したといいます。

たった八文字の言葉ですが、ガソリンスタンドを運営する会社が発信する「川上コピー」としては非常に優れたものです。

社内には行動指針になり、社外にはセールスポイントになっているからです。

きわめて差別化しにくいガソリンスタンド業界において、競合各社に先んじて最初にこのようなフレーズを発信したアドバンテージは、コスモ石油にとって非常に大きいものでした。

実際、コスモ石油は、二〇〇七年から「〝ココロも満タンに〟宣言2008」を打ち出し、意識レベルだけでなく、行動レベルで実感してもらえるような取り組みを、いろいろな分野で継続して行なっています。

「ココロも満タンに」は、開発から二〇年以上たった今も、コスモ石油の「川上コピー」として機能し続けているのです。

†お、ねだん以上。（ニトリ）

ニトリは、創業者の似鳥昭雄さんが一代でつくりあげた家具インテリアの小売りチェーンです。北海道札幌市に本社を置き、全国各地に約五五〇店舗を展開。台湾、中国など、海外にも約一〇〇店舗を展開しています。

似鳥さんは大学卒業後、会社勤めをしますが、営業なのにまったく契約が取れずに半年で解雇されてしまいます。仕方なく、父親の会社が持っていた札幌市内の土地を借り受け、借金をして家具屋の商売を始めました。

一九六七年、似鳥さんが二三歳の時のことです。

当初、店はなかなかうまくいきませんでした。五年後ようやく軌道に乗り始めた時に、店の横に大型競合店が現れて、倒産の危機に陥りました。似鳥さんは藁にもすがる思いで、お金をかき集めてアメリカ西海岸の家具チェーンの視察旅行に参加します。それが、人生観を変えるほどの大きな転機になりました。

アメリカの家具店の圧倒的な高品質と低価格に、サイズや色の選択肢も豊富にありトータルコーディネートされていることに、衝撃をうけたのです。またそれが巨大チェーンだからこそ実現できることを知りました。当時の日本の家具屋とは、まったく比べ物にならなかったのです。

似鳥さんは、「いずれ日本の家具文化はすべて変わっていく。それなら徹底的にアメリカのまねをしよう」と考えました。こうして「**アメリカのように日本人の暮らしを豊かにする**」という「ロマン（志）」がうまれたのです。

そのためにはまず値段が安いことが何よりも重要だと考えた似鳥さんは、少しでも安く売ることに執念をもやします。その過程で、海外からの輸入品が増えていき、やがて自社の海外工場で製造することが多くなり、今では家具業界では珍しい「SPAモデル（自社

で企画製造から販売までを手がけること）」になっています

これは最初から狙っていたわけではなく、商品の値段を下げることで日本人の暮らしを豊かにすることを突き詰めた結果、そのような形態になったのです。

現在もニトリは、企業理念を「ロマン」という項目で以下のように掲げています。

住まいの豊かさを世界の人々に提供する。

これは海外にも店舗を拡大していることから、「日本人の暮らしを豊かにする」を発展させたものです。このフレーズは社内における「川上コピー」の役割を果たしていると言えます。

一方、ニトリといえば、多くの人がまず頭に思い浮かべるのが、以下のフレーズです。

お、ねだん以上。

これは、二〇〇四年からＣＭなどで使われているキャッチコピーです。社内公募で一〇

○以上の案が集まってきた中から選ばれたものだといいます。当初は、「お、ねだん以上、それ以上」でしたが、長いということで後半がカットされました。

このフレーズは、単に安いだけでなく、売っている商品にそれ以上の価値があることを、たった六文字で感じ取ることができるすぐれたキャッチコピーです。

また、社外に向けて自社の価値を知らしめるという意味で、「川上コピー」の役割も果たしています。

実際、ニトリのサイトでは、「「お、ねだん以上。」創造ストーリー」として、商品開発の舞台裏のレポートが掲載されています。そこには、いかに商品の価値を「お、ねだん以上」にするかが書かれています。このような開発ストーリーで価格がメインに書かれていることは珍しいですが、これも「お、ねだん以上。」という川上コピーが存在するからでしょう。

†うまい、やすい、はやい（吉野屋）

吉野屋は、いわずと知れた牛丼チェーンです。

長年使われてきた「**うまい、やすい、はやい**」というキャッチコピーも、多くの人にとってなじみ深いもので「川上コピー」としての役割を十分に果たしています。

このキャッチコピーが、時代によって、単語の順番が微妙に変化していることをご存知でしょうか?

一八九九(明治三二)年、料亭で働いていた創業者・松田栄吉が、当時まだ東京・日本橋にあった魚市場で働く人たちに向けて「牛めし屋」を出店したのが吉野屋のルーツです。この時代、牛めしはかなりの高級品でした。

その後、関東大震災により、魚市場が築地に移転したことで店も移転。繁盛店になりましたが、第二次世界大戦による東京大空襲で店舗は焼失してしまいました。

戦後、食材が思うように調達できない中、屋台で商売を始め、一九四七年には築地市場で店舗を再開し吉野屋という屋号をつけました。当時の牛丼はまだ鰻丼と並ぶ高級丼だったにもかかわらず、多くのお客さんが押し寄せました。

そんな中、父のあとを継いだ、松田瑞穂は二四時間営業という斬新なスタイルを打ち出します。深夜や早朝から働く人も多い市場関係者から二四時間営業は大歓迎され、築地でも指折りの名物店となったのです。

一九五八年には、株式会社吉野屋を設立。「**はやい、うまい**」というキャッチコピーを掲げました。魚市場でお客さんは忙しい中での来店なので、何よりも「はやい」が優先だったのです。六〇年代後半には、「はやい、うまい、やすい」というキャッチコピーでチェーン化に着手します。一九七七年には一〇〇店舗。一九七八年には二〇〇店舗と一気に店舗を広げていきました。

その後、急激な店舗拡大により牛肉の調達が難しくなり、質を落としたり値上げしたりしたことなどから客足が遠のき、業績が急激に悪化。一九八〇年七月には会社更生法を申請して、倒産してしまいます。

再建の過程で原点の「吉野屋の味」に戻す覚悟を表すため、優先順位を変えることを決意。「うまい、はやい、やすい」というキャッチコピーにしました。

二〇〇〇年代になると、価格競争になったことで、「うまい」が先頭であることは残しつつ、「うまい、やすい、はやい」と、「安い」と「早い」の順序を入れ換えました。

このように吉野屋は、様々な危機に直面しながら「うまい、やすい、はやい」いうフレーズの単語を、その時代の優先順位によって入れ換えることで、その時々の「川上コピー」として機能させてきました。

そんな吉野屋でしたが、二〇一五年、長年指針にしてきた「うまい、やすい、はやい」

を脱却し、新しい三つのキーワードを長期ビジョンの柱にすることにしたのです。それが「ひと」「健康」「テクノロジー」です。

今後、このフレーズが「川上コピー」の役割を果たしていけるようになるかどうかの判断は、もう少し時間が必要かもしれません。

†〝あったらいいな〟をカタチにする（小林製薬）

小林製薬は、大阪市中央区道修町に本社がある製薬メーカーです。

現在は、「熱さまシート」「ポット洗浄中」「ブルーレットおくだけ」「トイレその後に」「サカムケア」など、ニッチでユニークな商品を開発することで知られています。

一八八六年名古屋で創業し、その後、大阪に移転。もともとは、医薬品の卸売業を営んでいました。現会長の小林一雅さんが社長時代に、大衆向けの医薬品や日用品のメーカーに大きく転換をとげたのです。

そのきっかけになったのは、小林さんがまだ入社二年目の頃、アメリカの製薬会社からの招待を受けた研修旅行でした。

当時の日本とアメリカの生活レベルの差は非常に大きく、カルチャーショックの連続でした。中でも衝撃を受けたのは、招かれた家庭で見た清潔感あふれるトイレだったといいます。便器はピカピカで、もちろん水洗。芳香剤が置かれ、香りの良いブルーの水が流れていたのです。当時、御不浄と呼ばれていた日本のくみ取り式のトイレとは大違い。「アメリカには、将来のメーカーとしての小林製薬の〝原点〟がある」と確信した小林さんは、アメリカ留学を決意。学業もそこそこに、現地のスーパーやドラッグストアをまわり、「日本にもあったらいいな」という商品の研究に没頭しました。

そして帰国後、「ブルーレットおくだけ」「アンメルツ」「サワデー」などを開発し大ヒットし、メーカーとしての小林製薬の基礎を築きます。

そんな小林製薬がかかげるブランドスローガンは、以下の通りです。

〝あったらいいな〟をカタチにする

このフレーズは、小林さんが五〇年以上前にアメリカで思ったことがベースになっていますが、「川上コピー」としての機能を非常によく果たしています。

現在でも、全社あげて「あったらいいな開発」という社員提案制度を実施しています。

これは、全社員が毎月一件以上のアイデアを提案するというものです。また年に一度、全社員アイデア大会も実施されています。この中で優勝したアイデアは、すぐに製品化されるといいます。

また、小林製薬のCMでは、冒頭の画面にこのスローガンが出ます。それ自体は、読めないくらいの短い秒数ですが、「あっ、小林製薬」という音声も同時に流れます。

これは「あったらいいな」の「あっ」の部分を取ったものでもあり、CMに注目を集めるアテンションの役割も果たしています。

川上コピーが、川中の商品開発にも川下のCMにも、きちんと繫がっている好例だと言えるでしょう。

†「大義」を語って「大聖堂」を見せる

第一章では、GAFAをはじめとしたグローバル企業及び日本企業で記憶に残る「川上コピー」について見てきました。

これらに共通しているのは、何でしょう?

それは自分たちの会社の目的・目標だけを語っているだけでなく、会社の強みを際立たせることで、目標よりも上位概念にある「大義」を語っているということです。

ここでいう「大義」とは、「その事業を発展させていくことで何か社会や個人に役立つ」ということ。「ストーリーブランディングの三本の矢」でいうところの「志」にあたる部分です。

明確な「志」があると、まず自分や社員のモチベーションが上がります。また、目指すべき場所のイメージがはっきりするので、何か行動をおこしたり、新しい事業をはじめたりするときに、ブレがなくなります。

また多くの人に共感してもらえる「志」があると、支援を受けやすくなるのです。


ある建築現場に、ABCの三人のレンガ積み職人がいたとします。

Aの職人に、あなたは質問しました。

「何の仕事をしているんですか？　仕事は好きですか？」

Aは不満そうな口調で答えます。

「ごらんの通りレンガを積む仕事さ。ただ積むだけの、単調で退屈でそれでいて肉体的にはつらい仕事さ。誰にでもできるから時給も安い。でも無職よりはいいからな」

続いてあなたは、Bに同じ質問を投げかけます。

Bは、諦めたような口調で答えます。

「レンガで壁を作っているのさ。ただ積むだけの仕事に見えるかもしれないけど、いろいろと工夫の余地はある。給料は決して恵まれてはいないけど、与えられた仕事を一所懸命に頑張るしかない」

続いてあなたは、Cに同じ質問を投げかけます。

Cは、にこやかに答えます。

「町中の人が誇りに思うだろう大聖堂をたてているのさ。人から見たら、ただレンガを積んでいるだけに見えるかもしれない。いろいろ大変なこともある。いつできるのかも定かではない。でも、いつか大聖堂ができた時のことを考えたら頑張ろうと思う」

ABCの職人は、やっている作業は同じです。

でも視点の持ち方一つで、こんなにも違う仕事になるのです。

Cの職人は、仕事は会社からやらされるものだとは思わないでしょう。大きなプロジェクトの一員としての誇りをもって仕事をしているからです。当然、仕事に対するモチベーションはAやBの職人とは比べ物になりません。

多くの人々が生活するのがやっとだった時代には、何らかの圧力によって強制的に働かせることが効率よく成果を生み出すことでした。AやBのような職人ばかりでもよかったかもしれません。しかし現在では違います。社内に、いかに多くのCのような職人がいるかによって会社の発展は大きく変わってくるでしょう。みんなが信じていれば、本当に大聖堂が立つのです。

すぐれた経営者は、従業員にも投資家たちにも「自分たちが大聖堂を作っているんだ」と信じさせることが大きな仕事です。

歴史のないベンチャー企業であれば、なおさらです。「大聖堂」は、もっと俗な言葉でいうと「ワクワクするような未来予想図」ということもできます。川上コピーの役割は、「ワクワクするような未来予想図」である大聖堂の姿を明確にすることだと言えるでしょう。

章の前半で解説したグローバル企業の「川上コピー」は、その事業が発展することで社会に大きな変革をもたらす「大聖堂＝ワクワクするような未来予想図」が多かったことがわかるでしょう。

それに比べて紹介した日本企業の「川上コピー」は、お客さんに対してどのようなハッピーをもたらすことができるかを語ったものが多く、大聖堂とまでは言えないかもしれません。それはそれで堅実でいいのですが、グローバルに影響を与える企業になるためにはビジョンが弱いとも言えるでしょう。

具体的な「川上コピー」のつくり方については、第四章で詳しく解説します。

第二章

「プロジェクト」は川上から始めよ

（1）プロジェクトを必ず成功に導く「川上コピー」

†アポロ計画はなぜ成功したか？

月に降り立った人間は、何名いるかご存知ですか？

答えは、一二名。

一九六九年七月二〇日、最初に月面に降り立ったアポロ一一号の船長ニール・アームストロングは有名です。

では、最後に降り立ったのは誰でしょう？

一九七二年一二月一一～一三日、アポロ一七号の船長ユージン・サーナンです。

それ以来二〇一九年五月現在まで四七年間、誰一人として月に降り立った人間はいないのです。科学技術は格段に進歩しているにもかかわらず。

アメリカ航空宇宙局（ＮＡＳＡ）によって実施され、計六回一二人の人間を月に降り立たせたアポロ計画（Apollo program）は、いかに人類史に残る大偉業だったかがわかるでしょう。

しかし一九六〇年に計画された当初は、予算もなく、見通しもまったくたっていませんでした。また当時アメリカは不景気で、宇宙開発への投資に世論の支持が高かったわけではありません。そんなお金があれば、景気対策に予算をつけろと言われかねない状況だったのです。

それを「川上コピー」による目標設定により、大きく流れを変えたのが、一九六一年一月に大統領に就任したＪ・Ｆ・ケネディでした。

当時の世界情勢は、アメリカとソ連（ソビエト社会主義共和国連邦）の冷戦の真っ只中。しかも、軍事開発ではソ連がリードし、戦略弾道ミサイル搭載潜水艦をアメリカに先駆けて配備し、大陸間弾道ミサイル開発を先行するなどしていました。

そんな中、一九五七年一〇月四日ソ連はスプートニク一号を初の人工衛星として地球の軌道にのせることを成功させます。その事件は、アメリカをはじめ西側諸国にスプートニクショックと呼ばれる衝撃を引き起こしたのです。

当時のアイゼンハワー大統領は、ヴァンガード計画として一二月に人工衛星を打ち上げる予定であると発表。しかし、その打ち上げは発射二秒後に爆発、アメリカの宇宙開発計画始まって以来の大失敗に終わってしまいます。

宇宙開発競争において、アメリカは完全にソ連の後塵を拝することになりました。

ケネディが大統領に就任してから三カ月後の一九六一年四月一二日、ソ連は世界初の有人地球周回飛行に成功します。ボストーク一号に乗ったユーリイ・ガガーリンが人類ではじめて地球軌道を周回した宇宙飛行士となったのです。

その約一カ月後、アラン・シェパードがマーキュリー三号でアメリカ人初の有人宇宙飛行に成功しました。実は一五分二八秒の弾道飛行であり、ソ連とはまだまだ大きな差がありました。それでも初めて宇宙に人を送り込んだことで、ひょっとしたら追いつけるのではという希望が生まれていた状況だったのです。

その二〇日後、ケネディはアメリカ連邦議会特別両院合同会議で演説を行いました。有人月探査計画に二二〇億ドルもの予算を割くことを要求する内容です。

ケネディは、以下のように宣言しました。

「一〇年以内に人間を月に着陸させて、安全に地球に帰還させる」
before this decade is out, of landing a man on the Moon and returning him safely to the Earth

さらにケネディは、まるで未来を見通したような言葉を続けました。

「この期間に実施される宇宙プロジェクト以上に、より強い印象を人類に残すものは存在しない。今後の長きにわたる宇宙探査史においても、より重要となるものも存在しないだろう。そして、このプロジェクト以上に達成するのが困難でお金がかかるものもないだろう」

人類が月に着陸して帰ってくるというようなことは、当時はまだ夢物語でした。しかしながら一〇年以内という具体的な目標を語ったことで、多くの人の頭に、その時の光景がビジュアルとして描かれるようになりました。

さらに翌年九月、ケネディ大統領は、ヒューストンにある名門私大であるライス大学のアメリカンフットボール競技場でアメリカの宇宙計画について演説しました。俗に、「ムーンスピーチ」と呼ばれているものです。

その中でケネディは、以下のフレーズを何度も繰り返します。

「私たちは一〇年以内に月へ行くことを選択する」
We choose to go to the moon in this decade.

そして、その理由をケネディは以下のように語りました。

「私たちは月に行くことを選択する。この一〇年で、他の事業を成しながら。**簡単だからではない。むしろ困難であるからだ**」

「しかし、中には、なぜ月なのか？　なぜこれを目標とするのか？　と問う人もいるだろう。そんな彼らは、こう問うかもしれない。なぜ最も高い山に登るのか。なぜ三五年前、大西洋を飛んだのか。なぜライス大学は、テキサス大学と戦うのか？（当時、ライス大学はアメフトで強豪テキサス大学に負け続けていた）」

この演説は、多くの学生たちの心を動かしました。優秀な学生たちがケネディのビジョンに共感して、ＮＡＳＡの門をたたきプロジェクトに参加したのです。

当時のＮＡＳＡでは、技術者はもとより、事務や会計などの職員にいたるまで、「月に人を送り込んで着陸させるんだ」と興奮状態で仕事をしていたといいます。

なぜケネディの目標設定（＝川上コピー）は、ここまで人の感情を揺さぶり興奮させたのでしょう？

まず、目標を具体的にして一つに絞ったことがあげられます。

さらに、この事業がいかに人類史において重要かを語ったことも重要でした。

「**私たちは一〇年以内に月に行く**」という「川上コピー」によって、月への有人着陸計画（＝アポロ計画）は急速に動き出したのです。

ケネディ自身は一九六三年に暗殺されてしまいましたが、彼が残した計画は着々と進み、ムーンスピーチから六年後の一九六九年七月二〇日一六時一七分、アポロ一一号がついに月面有人着陸に成功します。

議会でケネディが「一〇年以内に人間を月に着陸させて、安全に地球に帰還させる」と言った時には、はるか彼方にある夢物語のような目標でしたが、実際は八年で達成することになったのです。

†シリコンバレーで広まった「ムーンショット」

第二章では、プロジェクトやチームビルディングを成功に導く「川上コピー」の例を見ていきます。

一般的には「指針」「目標」「合い言葉」のことで、英語では「スローガン」などと呼ばれるものです。スローガンは、元々はスコットランド人が使っていたゲール語で「戦場であげる『ときの声』」という意味の「sluagh-ghairm」が語源だと言われています。

会社であれば、リーダーが部下を引っ張るために掲げる「行動の目標になる内容を強く印象づけるために一行に要約したフレーズ」のことを指します。

プロジェクトを成功させるためには、強いリーダーシップが必要です。

そのためには、全員の意志をまとめるような言葉が必要なのです。

前項で語ったアポロのような壮大な計画では、なおさらです。

ここ数年、アメリカのシリコンバレーでは「かなり困難だけれども独創的で、もし実現したら大きなインパクトやイノベーションをもたらす壮大な目標や挑戦を語ること」を、「ムーンショット」と呼ぶようになっています。

ムーンショットとは「月へ向けたロケットの打ち上げ」の意味で、前項のケネディ大統領のエピソードが由来です。

たとえば、グーグルは、二〇一〇年、自らムーンショット工場と標榜する先端技術の研究開発部門「X社」（当時は「グーグルX社」）を設立しました。X社では、すぐには無理だけど一〇年後などの将来に実現可能かもしれない技術目標（「自動運転カー」「Google Glass」など）をムーンショットと呼んで、研究開発を続けています。

日本でも二〇一九年四月から、内閣府が主導し「ムーンショット型研究開発制度」を始めました。達成困難でも実用化すれば成果が大きい研究に国が投資するもので、一一〇〇億円もの予算が計上されています。

マーケティングディレクターのスコット・アンソニーは、優れたムーンショットには、三つの要素が含まれていると語ります（「ハーバードビジネスレビュー」What a Good Moonshot Is Really For, May 14, 2013）。

以下は、筆者がその内容を要約したものです。

①人を魅了し、奮い立たせるものであること（inspire）。

ケネディの演説のように、士気を高揚させるものである必要がある。前年対比〜%増のような売上の目標では、従業員の士気は高まらない。優れたムーンショットは、達成した時のビジュアルを思い浮かべるとワクワクするようなものでなければならない。

②信憑性があること（credible）。

ケネディの演説は、非常識で過大な目標だと思われた。しかし実際は、ヒアリングを重ね、うまくいけば目標達成の可能性があることを確認した上で語っていた。優れたムーンショットは、ただ荒唐無稽なだけではダメで、信憑性が必要である。

③想像力あふれる斬新なものであること（imaginative）。

ケネディの宣言は、それまでの宇宙開発の延長線上にあったものではなかった。ソ連と争っているレベルを超えて、一気に月への有人飛行を打ち上げた。優れたムーンショットには、過去からの意義ある断絶が欠かせない。

プロジェクトやチームビルディングを成功に導く「川上コピー」にも、優れたムーンショットと同じくこの三つの要素が必要です。

†動物本来のイキイキした姿が見られる動物園

ムーンショットと言えるような一行の「ビジョン」(=川上コピー)を掲げることで、廃園寸前から日本有数の人気動物園に変えた事例をご紹介しましょう。

それが、北海道旭川市にある旭山動物園です。

旭山動物園は、一九六七年北海道三番目の動物園として誕生します。開園当初は、日本でもっとも北にある動物園として道北一帯からお客さんが集まりました。その後、一九八三年をピークに入園者数の減少が顕著になってくる中、遊園地を併設するなどして集客を図りましたが効果は一時的でした。九〇年代後半にはピークの半分以下である年間二六万人にまで落ち込んでいたのです。

市の予算で運営されていた動物園には、議会からも厳しい意見があがるようになりました。このままでは廃園という危機に、当時、獣医で飼育係長だった小菅正夫さんに動物園の改革が任されました。

小菅さんは職員たちとことあるごとに集まり、勉強会を重ね「そもそも動物園とは何をするところなのか？」という問いを確認する中で、以下のような結論に達したのです。

「飼育係として接していると、動物の行動はとてもおもしろく、その能力に驚かされることが多い。それなのに、お客さんは『動物が退屈そうにしていてつまらない』と感想を抱くことがある。これは、従来の動物園が、動物本来が持つ魅力を伝えきれてないからではないか？」

動物本来の魅力を伝えるには、動物たちが本来持っているイキイキとした姿を見せるような方法を見つける必要がありました。

しかし、予算はない。できることは限られていました。

まず最初にやり始めたのは、「飼育員が自分の担当する動物の特徴や習性を分かりやすくお客様に説明する」という「ワンポイントガイド」というものです。

口下手で職人気質の人間が多い飼育員たちからの反発は大きかったのですが、何とか実施にこぎつけました。「全員参加」「ガイドのやり方は各人が自分で考えること」「やり方は自由」というルールだけを決めました。

イラストや紙芝居風に説明する飼育員が多い中、園内で一番口下手な飼育員が、しゃべらないで済む「ワンポントガイド」を実施したのです。

彼は「アカハナグマ」の飼育員でした。アカハナグマは名前通り、赤くて長い鼻が特徴です。嗅覚が鋭く、臭いをかいで餌を探す能力が抜群。そんな特徴を知ってもらうためにポールとポールの間に紐を結び、紐に針金でバナナを吊り下げるという仕掛けをつくりました。アカハナグマは自分の嗅覚を頼りに、針金でロープをたぐりよせ見事にバナナを取ることに成功しました。その瞬間、お客さんから拍手とどよめきが起こりました。

これが、のちに旭山動物園の代名詞となる「行動展示」の原型になりました。

お客さんの反応が得られるようになって、飼育係をはじめとするスタッフの意識が大きく変わっていきました。

「もっとこんなことをやりましょう」などという意見が、積極的に出てくるようになったのです。

夜な夜な「理想の動物園」のアイデアを出し合うようになり、やがて「**動物本来のイキイキした姿が見られる動物園**」というビジョン（＝川上コピー）ができました。そのことで、スタッフのモチベーションはさらにあがりました。

「こういう施設だったら、もっと動物のイキイキした姿が伝わる」というアイデアをみんなで出し合うようになります。集まりの中には、のちに絵本作家になる飼育係もいました。彼がそれをスケッチにしてビジュアル化しました。

そのスケッチは、「動物本来のイキイキした姿が見られる動物園」というビジョンそのものだったのです。

旭川市の市長が代わり、一九九五年、公約のテーマパークの代わりに動物園の改修費にあてることが検討されることになります。

園長に就任したばかりの小菅さんは、市長に呼ばれて意見を求められました。その場で小菅さんは、みんなで話し合った「動物が本来の姿を見せる理想の動物園」のビジョンを、スケッチを見せながら二時間ぶっ通しでしゃべり続けたのです。

心を動かされた市長は、予算をつけることを約束。そこから、スタッフたちが思い描いた理想の動物園のスケッチがひとつひとつ実現していき、人気動物園へと飛躍していったのです。

旭山動物園は、二〇〇六〜〇七年にかけて数多くのメディアに取り上げられ、映画やドラマなどにもなり大ブームになりました。入場者数も、三〇〇万人を突破するまでになったのです。

†なぜ、理想の動物園は実現したのか？

なぜ、旭山動物園のビジョンやスケッチは、市長の心を動かしたのでしょう？

また、なぜメディアや視聴者を熱狂させたのでしょう。

前述した、優れたムーンショットの三つの条件を思い出してください。旭山動物園のビジョンには、優れたムーンショットに含まれる三つの条件がすべて満たされていることがわかるでしょう。

①人を魅了し、奮い立たせるものであること（inspire）。
「動物本来のイキイキした姿が見られる動物園」というビジョンは、非常に魅力的です。観る側のお客さんの気持ちを魅了し、創る側のスタッフの気持ちを奮い立たせるものになっています。

②信憑性があること（credible）。
「飼育員が、自分の担当する動物の特徴や習性を分かりやすくお客様に説明する」という

「ワンポイントガイド」を実施していました。それによって、どうすれば動物が本来のイキイキとした行動をするか、またそれを見たお客さんが喜ぶかを検証済で、信憑性がありました。

③想像力あふれる斬新なものであること（imaginative）。

「ペンギンが空を飛ぶように泳ぐ」「ホッキョクグマがダイブする」といった想像力をかきたてる斬新なアイデアがありました。また、動物本来のイキイキした姿を見せる手法を「行動展示」と名付け、従来の姿形を見せる手法を「形態展示」とし、「形態展示から行動展示へ」というスローガンを掲げたことも、口コミを誘発しやすくしました。

また一時期、大ブームになったのは、旭山動物園が廃園の危機から大人気動物園になったという、「ストーリーの黄金律」※の条件がそろった物語があったことも大きな要因だったのです。

それ故、映画化・ドラマ化などでその物語が消費されてしまい、ブームが鎮静化してからは、入場者数は減少。二〇一七年度の入場者数は一三七万人とブームの時の半分以下になっています。

しかし九〇年代前半、年間二六万人にまで落ち込んだことを考えると当時の五倍で、全国四位です。パンダやコアラなどの人気動物もいないことや、大都市部でない立地条件などを考えると驚異的な数字です。

現在の園長も、ブームの時が異常で現在が適正人数だと述べています。最近は、訪日外国人観光客に大人気だといいます。

※ストーリーの黄金律

以下の三条件が満たされる物語に遭遇すると、人は心動かされ、その主人公を応援してしまいたくなるという人類共通の感動のツボ。①何かが欠落した、もしくは欠落させられた主人公が、②何としてもやりとげねばならない遠く険しい目標・ゴールを目指して、③数多くの障害・葛藤・敵に立ち向かっていく。

（2）スポーツの世界の成功例

†一〇年で箱根駅伝優勝チームに

スポーツの世界でも、どんなコンセプトで何を目標として戦うのかを旗印として掲げる「川上コピー」は重要です。特に、団体競技であればなおさらです。

ここ数年、箱根駅伝を始めとする大学駅伝で、まっさきに名前があがるのは青山学院大学（以下、青学）でしょう。

二〇一五〜一八年まで、箱根駅伝総合優勝四連覇。二〇一九年正月の箱根駅伝は、二度目となる大学駅伝三冠と、史上三校目となる箱根駅伝総合優勝五連覇を狙いましたが、惜しくも総合二位。しかし、復路優勝五連覇は果たしました。

今や大学駅伝における優勝常連校となった青学ですが、二〇〇九年に箱根駅伝に出場するまで、何と三三年間も予選を勝ち抜けず大会に出場できていませんでした。

駅伝ではまったく存在感がなく、忘れ去られたような存在だった青学を優勝常連校に変えたのが、二〇〇四年に監督に就任した原晋《はらすすむ》さんです。

原さんが監督に就任することができ、このような結果を出すことができたのは、「言葉の力」による部分が大きかったのです。

原さんは、広島県三原市生まれ。中学から陸上部で長距離を始め、高校は地元の駅伝強豪校世羅《せら》高校、大学は愛知県の中京大学に進学しました。それぞれ活躍はしましたが、全国レベルで注目されるほどの成績ではありませんでした。

卒業後、地元に戻って中国電力に新設された陸上部一期生として入社。しかし故障が原因で、入社五年目の二七歳で選手生活の引退を余儀なくされます。その後は陸上とは一切縁を切り、中国電力で一〇年間サラリーマン生活を送っていました。

そんな原さんに大きな転機が訪れたのは、三六歳の時でした。

仕事でつきあいがあった世羅高校陸上部時代の後輩から、「青学が陸上部の監督を探しているんですけど、興味ありませんか？」という話を聞いたのです。

当時の青学は一九七六年を最後に箱根駅伝に出場しておらず、寮や専用グランドもなく、スポーツ推薦入試制度にも力を入れていませんでした。当然、有力選手は入学してきません。それが二〇〇四年から今までの方針を見直し、陸上部強化をはかっていくというのです。実は、その世羅高校の後輩は青学ＯＢでもあり、ＯＢ会から誰かいい監督候補がいないかを打診されていたのです。

原さんの心に、忘れようとしていた陸上への情熱がメラメラと燃え上がってきました。「青学の陸上部監督になって、箱根駅伝に出たい。ビジネスで得た経験を生かせば、新しい切り口でチームをまとめてひとつの目標に向わせることがきっとできるはずだ」と考えたのです。

そうは言っても、当時の原さんには監督・コーチ経験はまったくなく、一〇年も陸上から遠ざかっていた普通の会社員です。選手時代に特筆すべき実績もなければ、青学ＯＢでもありません。簡単に就任が決まったわけではありません。

後輩の推薦により、原さんは、青学の強化委員会やＯＢたちが集まる会で、陸上部の強化プランをプレゼンテーションすることになりました。

その時、以下のような長期ビジョンを語りました。原さん流のムーンショットだと言えるかもしれません。

「就任三〜五年で箱根駅伝出場、五〜九年でシード校に昇格、一〇年で優勝する」

さらに、ビジョンを達成するための具体的な強化プランを語ったのです。

このプレゼンは出席メンバーの心を動かし、正式に監督就任要請を受けました。

しかし、身分は大学の嘱託職員。会社は辞職する必要があります。身分保証は三年のみで、結果が出なかったらお払い箱です。原さんは当時、広島に家を買ったばかりで多くのローンが残っていました。当然、妻からは猛反対されましたが、何とか説得し、すべての退路をたち、青学陸上部の監督に就任したのです。

監督に就任した原さんは、自ら会社員時代に習慣にしていた「目標管理シート」を選手にも導入しました。一年間の目標、一カ月ごとの目標、週の目標をA4用紙に書き込み、グループミーティングで進捗状況などをチェックするというものです。

しかし、すぐに成果が出たわけではありません。一年目、二年目と結果は出ませんでした。就任三年目、ラストチャンスの二〇〇六年箱根駅伝予選会では一六位と惨敗。OBの中には、原監督の悪口を選手に吹き込むものもいました。また新しい監督の方針に反発を覚える選手もいて、有力選手も何名か辞めました。

まさに崖っぷち。陸上部には、解散の危機が迫っていました。

一年だけの契約延長の結果、翌二〇〇七年の予選会は次点で、本戦出場にあと一歩のところまできました。さらに契約は延長され、二〇〇八年の予選会でとうとう予選を突破し、青学は三三年ぶりに箱根駅伝出場を果たします。

そして箱根復帰二年目の二〇一〇年大会で、早くもシード権を獲得しました。結果が出ると、強化費も増え、全国でトップレベルの選手も入学してくるようになるという好循環がおこりました。

そして二〇一五年には、とうとう箱根駅伝総合優勝という快挙をなしとげます。

原さんが監督に就任して、一一年目のことでした。

結局「就任五年目で箱根駅伝出場、六年目でシード校に昇格、一一年目で優勝」と、監督就任に向けたプレゼンで語ったことが、ほぼその通りに（優勝だけが一年遅れ）実現したのです。

最初に説得力のある長期ビジョンを語っていなければ、学校側も、また原監督自身もここまで我慢できなかったかもしれません。

†「ワクワク大作戦」で選手をリラックスさせる

原監督は、個々の大会においても、作戦名という「川上コピー」（長期プロジェクトの中では川中コピー）を掲げることで、選手のモチベーションを高めることに成功しています。青学が二〇一五年の箱根駅伝に初優勝した時に、原監督が名付けた作戦名が話題になりました。

それが、「**ワクワク大作戦**」です。

その前年総合五位に入り、次こそは優勝だとチーム全体で意気込んでいました。監督はもとより、選手の口からも優勝を狙うという言葉が頻繁に出てくるようになりました。しかし、一二月に入り、一六人のメンバー登録が近づいてくるにつれて、チームの雰囲気がピリピリと重いものになっていっているのに原さんは気づきます。

優勝を意識するあまり、プレッシャーを感じるようになっていたのです。

そこで原さんは、メンバー登録前日の全体ミーティングで宣言します。

「今回の箱根はワクワク大作戦でいくぞ！」

俺たちは優勝するだけの力がある。だからひるむことはない。みんなワクワクしながら笑顔で箱根を走って、見ている人たちに元気で幸せな気持ちになってもらおう。

という内容のことを伝えたのです。

選手たちは、熱弁をふるう監督に失笑しました。内容はともかく緊張感をほぐす効果はありました。そして箱根駅伝当日、選手たちはワクワクした表情で走り抜いたのです。その結果、往路も復路も一度も首位をあけわたさないという完全優勝を果たしました。

実はこの作戦名、初優勝以前から原さんが大会ごとに名付けていたものでした。

二〇一三年箱根駅伝　マジンガーZ大作戦（八位）
二〇一四年箱根駅伝　S大作戦（五位）
二〇一五年箱根駅伝　ワクワク大作戦（一位）
二〇一六年箱根駅伝　ハッピー大作戦（一位）
二〇一七年箱根駅伝　サンキュー大作戦（一位）
二〇一八年箱根駅伝　ハーモニー大作戦（一位）
二〇一九年箱根駅伝　ゴーゴー大作戦（二位）

それぞれ名付けるにあたっての理屈はあるものの、作戦名自体には大きな意味はないでしょう。ただこれらの作戦名には、原監督のポリシーである「すべては明るさから始まる」という意図があるといいます。

あえてふざけたような作戦名を何度もとなえることで、チーム内のムードを明るくする。それによって、辛くても一丸となって頑張れるという効果があるというのです。

†あなたがチームビルディングをまかされたら

原監督の手法は、あなたが仕事で新しい組織を任された時に参考になります。

まず、長期ビジョンを示すことです。

原監督は「就任三〜五年で箱根駅伝出場、五〜九年でシード校に昇格、一〇年で優勝する」という長期ビジョンを示しました。

あなたもこれを見習って、できるだけ具体的な日時を明確にして、そこまでに何を達成していくかという長期ビジョン（＝川上コピー）を具体的に打ち出す必要があります。

しかし長期ビジョンだけだと、なかなか成果が上がらない時に、どうしても構成員のモチベーションが下がってしまいます。そこで、中期目標に対してどのような姿勢で立ち向かっていくか、構成員のモチベーションを維持できるよう作戦名（＝川中における川上コピー）で打ち出すのです。さらに、短期目標や構成員の役割を明確にしていきましょう。

こうすることで、長期、短期それぞれのモチベーションを維持できる可能性が高まるのです。

とはいえ、構成員の自己評価がとても低く、なかなかモチベーションアップに繋がらない場合もあります。そんな時は、以下のラグビー日本代表元ヘッドコーチのエディー・ジョーンズのやり方を参考にしましょう。

†「ジャパン・ウェイ」で史上最大の番狂わせを実現

今年（二〇一九年）の九月からいよいよラグビーW杯日本大会が始まりますが、四年前のイングランド大会において史上最大の番狂わせと呼ばれた「日本VS南アフリカ戦」のことを記憶されている方も多いでしょう。また同大会で、日本チームはグループリーグ三勝をあげるという快挙をなしとげました。

このような活躍は、二〇一二～一五年まで、ラグビー日本代表のヘッドコーチをつとめたエディー・ジョーンズが提唱した「**ジャパン・ウェイ**」という強化＆戦い方のスローガン（＝川上コピー）によって成し遂げた、と言っても過言ではないでしょう。

エディーは、オーストラリア生まれ。現役時代、巨漢選手が揃うオーストラリアでは小柄でした。常に体格で負ける相手にいかに打ち勝つかを考えていたといいます。当時目標としていたオーストラリア代表（ワラビーズ）に選ばれることはありませんでしたが、小さい者が大きい者に勝つにはどうすればいいのか、考え抜いて実践してきたことは、指導者となって花開くことになります。

オーストラリア代表のヘッドコーチや南アフリカ代表のアドバイザーなどを経て、二〇一二年にエディーは日本代表のヘッドコーチに就任しました。

最初に代表選手たちと顔を合わせた時、エディーは「君たちは、これから世界のトップテンに入る！　そして、四年後のワールドカップには、必ず勝つ！」と宣言しました。しかし選手たちは白けた顔をしています。

ようやく選手たちが口を開いた時に、聞こえてくるのはネガティブな言葉ばかり。

「日本が世界の強豪チームに勝つなんて、絶対に無理です」

「コンタクトスポーツのラグビーで、体の小さい日本人が勝てるわけがない」

「日本人は農耕民族。ラグビーは狩猟民族のスポーツです。そもそも日本人には、合わないんですよ」

なにしろそれまでの日本代表は、ワードカップで負け続き。二〇年前に一勝した以来、勝利どころか惨敗を繰り返していたのです。

このように、「自分たちは弱い」と思い込んでいる日本選手の強固な思い込みを変革することから始める必要がありました。

確かに、体と体のぶつかり合うラグビーは、体の大きさがものをいうスポーツです。日本人は、外国人に比べて体格的に劣るのは事実で、これはどうしようもないことです。それにもかかわらず外国のやり方をまねていては、いつまでも勝てないのは当り前です。

そこでエディーは、「日本人らしさ」を活かすラグビーのことを「ジャパン・ウェイ」と名付けました。それは、短所と思われていることを長所に変えるラグビーだったのです。

体のサイズが小さいことは変わりませんが、よりすばしっこく賢く動くことはできます。農耕民族というのは、集団に忠誠心がありチームワークに優れていると考えることもできます。ラグビーは、世界で最も複雑なスポーツの一つです。チームワークは大きな武器になります。

エディーは「ジャパン・ウェイ」というスローガン（＝川上コピー」）を掲げることで、

日本人の長所を活かし、フィールドではお互い信頼し俊敏に動くことで、巨漢ぞろいの強豪チームと戦っていくということをチーム内外に示したのです。

この旗印があったおかげで、選手たちにも自分たちの進むべき道が見えました。

もしこの「川上コピー」がなかったら、どうだったでしょう?

ただやみくもにトレーニングして、個々のプレーを切磋琢磨するだけに終わっていたかもしれません。それではとうてい南アフリカに勝つこともできなかったでしょうし、三勝一敗という好成績を残すことはできなかったでしょう。

この事例も、ビジネスにおけるチームビルディングの際に参考になるでしょう。

構成員の自己評価が低い場合は、短所と思われていた部分を長所に変えて挑んでいく手法に何か名前をつけ、それが「川上コピー」の役割を果たすようにするのです。

少しでも結果が生まれれば構成員たちの自信に繋がり、好循環に繋がっていくでしょう。

（3）プロジェクト名をつけて大成功

†「28プロジェクト」で親世代にブランドイメージ向上

プロジェクトに名前をつけることで、川上コピーとしての機能を持たせることは、スポーツ以外の分野においても大きな成果を生み出します。同じような意味であっても、名前のつけ方ひとつで効果が大きく変わってしまう場合もあるのです。

廃校寸前だった状態から持ち直し、その後、新しいプロジェクト名（＝川上コピー）を導入したことで、さらに人気になった女子校があります。

それが、東京・品川区にある品川女子学院という中高一貫校です。

一九二五（大正一四）年創業の歴史のある女子校ですが、一九八〇年代後半（当時は品川女子中学高校）には志願者は減少の一途をたどり、何と新中学一年生の生徒がたった四人にまでなりました。当然経営は危機的な状況で、廃校寸前まで追い込まれていたのです。

そんな状況下の一九八九年、現在の理事長である漆紫穂子《うるししほこ》さんが、他校の教師から経営に加わります。漆さんは、創業者の曾孫にあたり、当時、彼女の父が校長をしていました。副校長をしていた彼女の母が癌で余命半年と宣告され、学校経営も風前の灯ということで、教師を辞めて実家の学校に転職してきたのです。

漆さんは、父とともに、数々の大胆な改革に着手します。

まず一九九一年に、品川女子学院に名称変更しました。さらに、中高一貫教育の推進、カリキュラムの見直し、制服の変更、校舎の建替え、広報活動の強化など、さまざまな改革を進めた結果、入学希望者は大幅に増え、偏差値も急上昇します。

そして二〇〇三年から始まった、二八歳になるまでに自立した女性を育てようという教育目標「28プロジェクト」により、品川女子学院は数多くのメディアで取り上げられるようになりました。

なぜ、二八歳なのか？　女性にとってそのあたりの年齢が、仕事では様々な経験を積み、プライベートでは結婚や出産という選択肢が生まれるターニングポイントになりやすいからです。また親も定年退職などを迎え、あまり頼ることのできない年齢にもなってきます。

そんな年齢の時に、周囲と調和しながらいろいろな選択肢を持つことができるためのコミュニケーション能力を、中学高校の六年間で身につけさせることを目標にする、そのための「川上コピー」が「28プロジェクト」なのです。

このプロジェクトは二八歳という具体性があるから、わかりやすい「川上コピー」になっています。その結果、親世代のビジネスパーソンの間でも学校の存在を知られるようになり、ブランドイメージ向上に大きく貢献しています。

もともと品川女子学院には、建学の精神として「子どもたちが大人になったとき、仕事を持ち、社会に貢献して欲しい」という考えがありました。その精神に立ち戻った時、学生時代にさまざまな体験をさせて見聞を広めてあげたいと思ったことが、このプロジェクトを始めたきっかけだったといいます。

当初は希望者を募って、日本の伝統芸能を鑑賞に行ったり、社会人に話をしてもらったりしていました。それが徐々に全校に広がり、今では「企業とのコラボレーション授業」が有名になっています。

これは実際の企業に協力してもらい、生徒たちが商品開発などを行なうというものです。実際に商品化されて売れたものもあります。

実際にやってみると、生徒たちは実社会の企画立ち上げやプレゼンなどが体験でき、大人たちと仕事をすることで視野がグンと広がることが分かりました。

大学合格だけを目標にすると、数学が苦手という理由で文系というようなことを決めてしまいがちです。一方、二八歳の時の自分から逆算して考えたら、今何をすべきかが見えてきます。「28プロジェクト」は、そのための情報を生徒たちに与えるのが大きな目的なのです。

その結果、生徒たちは、実社会の仕事において学校の成績では評価されない評価軸があることを身をもって体験します。自分にそんな取り柄があると気付くと、子どもは俄然やる気を出すといいます。

このように「企業とのコラボーション授業」は、大きな成果がありました。しかしながら、もし「28プロジェクト」というプロジェクト名（＝川上コピー）がなかったとしたらどうでしょう？　何のための「企業とのコラボーション授業」なのかわかりにくいため、ここまで話題になることはなかったでしょう。

また、具体的に二八歳としたことも重要です。

これがたとえば「未来活躍プロジェクト」などという曖昧な表現では、まったく注目されなかったでしょう。

プロジェクトの旗印になる「川上コピー」に字数の制限はありませんが、一般的に短い方が伝わりやすくなります。

†六文字の旗印で奇跡の再生

ここでご紹介する事例は、たった六文字の旗印（＝川上コピー）を発見したことによって、どん底からみごとに蘇った旅館の物語です。

青森県三沢市にある星野リゾート「古牧《こまき》温泉　青森屋」は、国内外から多くの観光客が押し寄せる超人気旅館です。しかし、一五年前はどん底で、再建の方向性さえも定まっていませんでした。青森屋を復活させたのは、たった六文字の旗印でした。

そもそもこのホテルの前身は、古牧グランドホテルでした。東京ドーム約一七個分に相当する広大な敷地に四つの建物を有し、八〇年代、旅行新聞社の「行ってみたい観光地」に一〇年連続で選ばれるほどの超大型人気温泉旅館だったのです。

ところが、拡大戦略が裏目に出始めた頃、バブルが崩壊。客足がパタリと途絶えました。そこで、苦肉の策として打ち出したのが一泊三一五〇円の激安プラン。しかし、安さにつられて来たお客さんはリピーターにはなってくれず、赤字は続き、二〇〇四年、とうとう二二〇億円の負債を抱えて倒産したのです。

翌年、債権者であるゴールドマンサックスからこのホテルの再生事業を委託されたのが、全国でさまざまなリゾート地の立て直しを行ってきた星野リゾートでした。

しかし、この巨大な施設を建て直すには一筋縄ではいきません。

まず、再建に向けての「旗印」になるワンフレーズを定める必要がありました。

激安プランをやめたことで稼働率は下がり続け、さらにどん底状態。しかしそんな中でも、星野リゾートから派遣された当時の総支配人佐藤大介さんは、従業員たちから新たな「旗印」が生まれてくるのを待ちました。

いろいろな試行錯誤を続けたのち、従業員たちが発見したのは「結局、このホテルの魅力は設備や料金ではなく、青森の魅力なんだ」というシンプルな事実でした。

そんな思いを一行に凝縮したのが「**のれそれ青森**」という、たった六文字の旗印だったのです。

〝のれそれ〟は、津軽弁で「めいっぱい、全力を出し切って」という意味。つまり「のれそれ青森」とは、〝徹底的に青森にこだわる〟という意味になります。

厳密にいうと、このホテルがある三沢市は南部地方に属しているので、津軽弁は使いません。しかしお客さん目線でいうと、そんな細かなことよりも一般的にイメージする青森を徹底的に体感したいのが本音です。

「青森」と言えば、みんなが一番イメージしやすい津軽弁をあえて使うことで〝徹底的に青森にこだわろう〟という強い意志が込められています。

従業員の九割が青森県人という旅館ならではの、「旗印」でした。「のれそれ青森」は、まず食堂から始まりました。やがてフロント、営業、レストランといった全館スタッフ全員に共有されていきます。そして社員一丸となって新しく生まれ変わろうという意識が芽生えたとき、古牧温泉グランドホテルは、青森屋へと変貌を遂げることになり、奇跡の再生を果たすことになるのです。

現在の青森屋は、「のれそれ青森」をキーワードに、改装に改装を重ねて生み出された、他にはない温泉旅館です。

木のぬくもりを感じる古民家風のロビーから始まり、客室のタイプも「あずまし」「いくてら」「えんつこ」「おぐらみ」など青森の方言が使われています。また置かれている家具や調度品も青森オリジナルなものが多く「のれそれ青森」が徹底されています。

もちろんハード面だけではありません。スタッフは昔ながらの南部農家の衣装をまとい、津軽弁、南部弁、下北弁などの青森の方言で対応することもできます。

いちばん青森らしさを感じるのは、地下にある青森を体感できるイベント会場「じゃわめぐ広場」でしょう。〝じゃわめぐ〟とは、血が騒ぐという意味の津軽弁。つまり、お客様の血が騒ぐほど、青森を体感してもらおうという広場の意味。

じゃわめぐ広場では、毎晩無料の「じゃわめぐショー」が開催されています。青森ねぶた囃子、南部民謡、津軽三味線、スコップ三味線などいろいろな出し物があり、まさにお祭りのように賑わっています。朝には、津軽弁ラジオ体操も実施されています。

さらに、青森の地酒や珍味が味わえる「ヨッテマレ酒場」は、〇時まで盛り上がることができます。

「のれそれ青森」という旗印（＝川上コピー）があることで、社内には「徹底的にやる」と腹をくくれる効果があります。また、お客さんにとっては「のれそれ青森」がハードソフトの両面で、川下まで行き渡っていることで、お客さんの満足度は高くなりリピーターを呼ぶのです。

あなたのプロジェクトでも、このように「徹底的に何かをやる」という「川上コピー」

を掲げることができれば、沈滞したムードを一気に吹き飛ばせるかもしれません。

†一つの単語がマツダを変えた

さて、六文字の川上コピーが社員の意識やお客さんの満足度を大きく変えた例をお伝えしましたが、今度はたった一つの単語が低迷していた大企業を変えた事例をお伝えしましょう。

「マツダ」は、日本自動車メーカー第五位の売上で、世界シェアでは二％に過ぎない会社です。が、世界初のロータリーエンジンの量産化を果たすなど、存在感はそれ以上にあります。

しかし一九九〇年代までは、トヨタ、日産、ホンダに負けないようにラインナップを増やし、規模ばかりを追い求めてきました。当然、一つ一つのクルマの競争力が弱くなり、無理な値引き販売を繰り返すようになります。下取り、買い取り額が他メーカーのクルマと比べて異常に安くなり、「マツダ地獄」と呼ばれる、一度マツダ車を買うと、マツダで下取りしてもらってまたマツダ車を買うしかなくなる、という現象さえおこっていました。

当然、ブランドは疲弊し経営危機に陥ります。その結果、一九九六年にフォード傘下に入って、フォード主導の建て直しが行われることになったのです。

その結果、マツダ以外にも七つのブランドを持っていたフォードグループの中で、「マツダらしさ」「マツダのブランド価値」とは何かを考えるようになりました。

二〇〇〇年に初めて本格的にグローバルブランド戦略の策定に着手することになり、その結果、以下のたった一つの単語のブランドコンセプトができあがりました。


「Zoom-Zoom（ズーム、ズーム）」

マツダの公式ブログには、以下のように説明されています。


マツダブランドの世界観を表現したメッセージ「Zoom-Zoom」。

（中略）

実はこちら、英語で「ブーブー」を意味する子ども言葉なのです。

皆さんは、街ゆくクルマを飽きることなく目で追いかけていた日のことを今でも覚えていますか？

子どもの頃、「ブーブー!」と声をあげ、風を切って走り回った、あの楽しさ。

ビュンビュンと走っていく車を夢中で見ていた、あのわくわく感。

（中略）

Zoom-Zoom「子どもの時に感じた、動くことへの感動」は、動くことへの感動を愛し続ける全世界の方々と、走る歓びを分かち合うための合言葉。マツダはZoom-Zoom感、走る歓びにあふれたクルマをつくりつづけていきたいと願っています。


ひと言で言うと、「マツダは子どもの頃に感じたワクワク感を、車を通してお客さまに届ける」ということです。Zoom-Zoomのエッセンスがつまった動画「ブランド・エッセンス・ビデオ」も作られました。

「Zoom-Zoom」というフレーズは、当初は北米や欧州向けの広告で使われ、二〇〇二年からは日本でも広告など外部に向けて使われるようになったのです。

この「Zoom-Zoom」というクルマづくりにおける「川上コピー」ができたことで、マツダの開発は大きく変わりました。それまでそれぞれのセクションがパーツごとの最適化をメインに考えていたのが、乗って楽しい状態、「Zoom-Zoom」を車全体で表現するという共通認識がうまれたのです。その結果、他のセクションとの会話も増え、統一感のある開発ができるようになりました。

とはいえ、当初は、社内でも「Zoom-Zoom みたいな言葉で、本当に復活できるのか？」という懐疑的な見方も少なくありませんでした。

しかし、「Zoom-Zoom」の川上コピーをもとに開発されたアテンザ、デミオ、アクセラ、RX-8 がいい結果をだしたことで、「Zoom-Zoom」路線は間違いじゃないと考えられるようになりました。

そして、地に落ちていたマツダのブランド価値は、大きく上がったのです。

「ブランド・エッセンス・ビデオ」は車種を変えながら社内で共有され続け、株主総会では今でもこの動画から始まるといいます。

（4）価値観を変える一行で大逆転

†「日本一おもしろいタワー」で復活した大阪のシンボル

従来の常識とは真逆の考え方を凝縮した「川上コピー」を掲げ、その考え方を踏まえた「川下」の施策を次々と実施することで、低迷した業績がV字回復することがあります。

その見本とも言えるのが、大阪のシンボルタワー「通天閣」です。

現在の通天閣は二代目で、「初代通天閣」は、年号が明治から大正に変わる直前の一九一二年七月に、ルナパークという遊園地のシンボルとして建てられました。ルナパークは「第五回内国勧業博覧会」の跡地にできた新歓楽街「新世界」の中心にあり、ニューヨークにあるコニーアイランド・ルナパークを参考に設計され、東洋一のテーマパークとして大変賑わったといいます。

初代通天閣は、土台部分が「凱旋門」、塔の部分が「エッフェル塔」を模して作られたという斬新なデザインでした。高さは七五メートルで、日本一はもとより東洋一とうたわれ、その高さとデザインは大阪市民の度肝を抜いたといいます。また、通天閣と別のタワーとが、日本初の旅客用ロープウェイ（索道飛行船）で結ばれ、空からの景色を楽しめるようになっていました。

しかし、一九二五（大正一四）年、ルナパークは閉鎖。一九四三（昭和一八）年一月に、近くの映画館が火災により延焼。戦時下の鉄材供給の名目で、解体されてしまいました。

現在の通天閣は二代目で、周辺の商店街の人たちが出資をつのって、一九五六（昭和三一）年に完成し、通天閣観光株式会社により運営されています。

開業ブームの八年間と、一九七〇年の大阪万博の時だけは、入場者数一〇〇万人を超えましたがそれ以降は低迷。一九七五（昭和五〇）年には、一九万人まで落ち込み赤字も膨らみました。「通天閣は立っているが、会社は倒れそう」な状態だったといいます。

その後、通天閣を舞台とした朝ドラ「ふたりっ子」や、新世界での串カツ人気の高まりもあって入場者数は少しずつ持ち直しはしましたが、経営は苦しいまま。

そんな中、二〇〇三年、父親の跡を継いで社長になったのが西上雅章《にしがみまさあき》さんです。

社長になる前から、西上さんはすでに眺望のみを売り物にする時代は終わっていたことを感じていました。お客さんがエレベーターの中で「これで五〇〇円は高いな……」とつぶやく声を聞いたことがあったからです。五〇〇円は当時の展望料金です。当時の展望フロアはガランとした空間で、来場者を楽しませる工夫はほとんどありませんでした。

社長就任後最初の役員会で、西上さんはこう宣言します。

「高さを売る時代は終わった。これからはおもろさを売らなアカン。どうせやったら日本一おもしろいタワーにしよ」

通天閣に今までのタワーの常識とは真逆の、以下のPR方針（＝川上コピー）が決まった瞬間でした。

「日本一おもしろいタワーを目指す」

その後、西上さんをはじめ通天閣のスタッフは、川上の方針に沿った大阪らしいコテコテなおもろい川下の企画を連発します。

カップルが入り口でキスをすれば入場料が半額になる「チュー天閣」。

通天閣が八角形をしていることから「八福神めぐり」。

近隣の日本橋電気街と協力して「通天閣ロボ」を製作。

節分には有名人を呼んで展望台からの豆まき。

また一〇〇周年事業として、二〇一二年四月に展望フロアを全面改装しました。エレベーターを降りると、壁一面が金色、床は赤一色で統一されています。大阪といえば豊臣秀吉。派手好きな太閤秀吉がつくった「黄金の茶室」のイメージを再現したといいます。この展望台には、米国生まれの神様で、通天閣の象徴的な存在である「ビリケン」が鎮座しています。

二〇一五年一二月には、展望フロアの上に位置する特別展望台「天望パラダイス」がオープンしました。今までは一般人が立ち入れなかった場所に、全面強化ガラスを円形に張り巡らせて特別の空間とした、屋上の有効利用です。

このような施策を次々におこなった成果もあり、二〇〇七年には三七年ぶりに入場者数一〇〇万人を突破。一〇〇周年を迎えた二〇一二年は五三年ぶりに入場者数一三〇万人を突破。その後も一〇〇万人突破が続いており、見事にV字回復しました。

†「母になるなら、流山市。」で共働き家族が急増

自治体などの公共団体においても、きちんとした「川上コピー」を掲げ、それに沿った施策をしていけば、それまでのイメージを大きく変えることは可能です。

その数少ない例のひとつを、ご紹介しましょう。

自治体で作られるキャッチコピーの多くは、厳しい言い方をするとほとんどが機能していません。他の自治体が語ってもいいようなものであったり、イメージのよさげな言葉が使われていたりするだけの空気コピーが大半です。

そんな中、きちんとした旗印（＝川上コピー）を立てたことで、他の自治体と一線を画すような存在になった「市」があります。

それが、千葉県北西部にある流山市です。

二〇〇〇年代前半までの流山市は、大きな企業や商業施設もなく、自治体としての知名度はほとんどありませんでした。また、人口の高齢化も進んでいました。

そんな中、二〇〇三年に市長になったのが民間シンクタンク出身の井崎義治でした。

井崎市長は、よくも悪くもなんのイメージもなかった流山市を、街全体に緑が多いとい

う強みを活かし、「**都心から一番近い森のまち**」というイメージ（＝川上コピー）に設定しました。

そしてメインターゲットに「共働きの子育て世帯」を設定し、都心から移住者を呼び寄せる戦略を始めました。

勤め先が東京都内であっても、子育てにいい環境を求めているはずだという思いがあったからです。二〇〇五年八月に「つくばエクスプレス」が開通し、都心から移動する際の所用時間が短縮されたことも追い風になりました。

共働きの子育て世帯に移住したい街だと思ってもらうために、認可保育所の定員数を思い切って増やすなど教育環境や住環境の整備に力を入れるようになります。

例えば、「送迎保育ステーション」というシステム。市内二カ所の駅前に送迎保育ステーションという一時預かり施設があり、朝の出勤前は子供を駅で施設に預けることができるというもの。一回の利用料は一〇〇円ですが、このサービスがあるから引っ越してきたという家族もいるといいます。

また実際の支援策はもちろん、それをどうアピールしていくかが大事と考え、市役所に「マーケティング課」を設けました。

そんな流山市の知名度が一気にあがったのが、二〇一〇年から東京都心の地下鉄の駅などに張り出されたポスターです。キャッチコピーは以下のものでした。

母になるなら、流山市。

ポスターには、実際に流山市に住んでいる家族が「自然のそばで子育てしたくて、都内から転居された〇〇さん」というキャプションつきで写っています。

「母になるなら、流山市。」というキャッチコピーは、直接移住を呼びかけるだけでなく、流山市が目指す姿を一行に集約した「川上コピー」としての役割も果たしています。

この「母になるなら」は、「子育てするなら」と同意ではありません。

女性が母になり、子育てを通して得られるスキルが半端なく大きいと感じたので、「母」に焦点を当てたのです。そのスキルを仕事や自分の夢などに活用することにより、お母さんがイキイキした家庭を増やすことで、街もイキイキさせたいという思いがあるといいます。

流山市の知名度は、ポスターの効果で大きく上がり、二〇〇五年には一五万人だった人口は、二〇一九年五月現在一九万二〇〇〇人まで増えています。中でも、三〇代後半～四〇代前半の子育て世代の伸びが顕著です。

ただそれにより、保育園や小学校の整備が追いつかないという問題も出てきています。今後はやみくもに移住者を募るアピールをするのではなく、質を向上させるステージになってきています。

流山市は、今後もさらに教育環境を充実し、良質な住環境の整備をすることで、「千葉における東京の二子玉川」のような位置づけの街にすることを目標にしています。

†「生活はもっとラクできる」で歴史的快挙

長らく低迷を続けてきた雑誌が、編集長が代わり新たな「川上コピー」を掲げたことでV字回復した事例があります。

それが、KADOKAWAから発行されている『レタスクラブ』です。

『レタスクラブ』は、一九八七年に創刊された料理を中心とした女性生活情報誌で、最盛期は一〇〇万部を超えていたこともありましたが、長年にわたって部数が減り続けていました。そんな中、二〇一六年六月に編集長に抜擢されたのが、コミックエッセイ部門で編集長をつとめていた松田紀子さんでした。

まったく予想外の人事で、本人も編集部員も戸惑ったといいます。会社から与えられたミッションは「コミックエッセイの知見を生かして、『レタスクラブ』を変えてほしい」というもの。

コミックエッセイは「共感」が命。しかし当時の『レタスクラブ』はとてもきちんと作られていて、まったく遊び心がありませんでした。

これでは共感は得られない。まずは、読者のことを知ろうと徹底的に読者リサーチを開始します。

読者の家を訪問し、冷蔵庫や収納の中のありのままの様子をチェック＆撮影する通称「ヨネスケ調査」を復活させました。また会社に四～五人の読者を呼び、企画中の特集についてリサーチも繰り返しました。

そうすることで、誌面と読者の現実には大きな隔たりがあることがわかりました。働くお母さんはもちろん、専業主婦であっても、誌面に書かれているようなきちんとした料理や家事ができる時間的余裕がないということです。

松田さんが編集長になって九カ月後、今まで隔週刊誌だったのが月刊誌になることになりました。リニューアルにあたってまったく新しい編集方針が必要であることはわかっています。しかし隔週出版をしながらの様々な交渉やリニューアル作業に、松田さん自身疲れ果て、なかなかいいアイデアが出ません。

ある休日、近所の書店に併設されているカフェでボーっとしていたら、若い夫婦が料理のレシピ本を選んでいました。こそっとタイトルを見ると「ラクチン」「時短」などがついたものばかり。

その瞬間、松田さんの頭に、今までなかなか出てこなかった、新しい雑誌の編集方針（＝川上コピー）が浮かびました。それが以下のものです。

考えない、悩まない、生活はもっとラクできる

これまでの優等生雑誌路線を捨て、本音をさらけ出す内容にする。誌面を「正しさよりも楽しさ」を優先する企画内容にするというものです。

この編集方針が決まったおかげで、一気に新しい『レタスクラブ』が動き始めました。

これまで良き母、良き妻の見本のような『レタスクラブ』が、新しい編集方針で堂々と

「ラク」や「楽しさ」を追求する、人間味をもった愛らしい母や妻の顔に変わったのです。

特集は、「毎日がうまくまわる『ラク習慣』」「頑張らない七割片付け」「二つの食材で作るほぼ八分おかず」など、「ラク」「楽しさ」を追求するものになりました。

また誌面にコミックエッセイを取り入れたり、ニッチだけども熱狂的なファンがいるような人に連載で登場したりしてもらいました。また月刊化した時から付録で「献立カレンダーBOOK」をつけました。これは書いてあるとおりに買い物、料理すれば、一カ月分の平日の食事を、食材をムダにすることなく作り回しできる、というかゆいところまで手が届くラクチンなレシピ集です。

このように「考えない、悩まない、生活はもっとラクできる」という「川上コピー」ができたことによって、川下にあたる誌面の企画や付録も、とにかく「読者をラクに楽しくする企画」という判断基準が明確になりました。

二〇一七年三月から月刊誌にリニューアルされた『レタスクラブ』は、三号連続で完売という異例のスタートを切りました。その後も高い実売率が続き、一号当たりの平均販売部数も、リニューアル後に五万部以上増やし、ライバルでありながら一度も追いつけなかった『オレンジページ』の平均部数を初めて抜く、という歴史的快挙をなしとげたのです。

†その「川上コピー」はワクワクするか?

さて、第二章では、プロジェクトやチームビルディングを成功に導く「川上コピー」の例を見てきました。

もう一度並べてみましょう。

・動物本来のイキイキした姿が見られる動物園
・一〇年で箱根駅伝優勝
・ワクワク大作戦
・ジャパン・ウェイ
・28プロジェクト
・のれそれ青森
・**Zoom-Zoom**
・日本一おもしろいタワー
・母になるなら、流山市。

・考えない、悩まない、生活はもっとラクできる

共通点はなんでしょう？　それは、規模の大きい小さいはあるにせよ、紹介した「川上コピー」はすべて、それらのプロジェクトにとって「ムーンショット」になっているということです。

何よりも重要なのは、**「それが実現した時のビジュアルを考えると、何かしらワクワクするもの」**になっているということです。

次に**「何らかの裏付けや信頼性があること」**も大切です。それぞれ何も根拠がないところから始めた訳ではありません。それなりの下地があった中に掲げた「川上コピー」だったのです。

それでいて、**「過去の延長線上にはない、何らかのパラダイムシフト（価値変換）を含む内容」**でした。

この三つの条件にプラスするとしたら、ムーンショットで長期的目標を掲げつつ、現実的な中短期間の目標（川中）や日々のモチベーション管理（川下）の施策をきちんとやっていくことです。

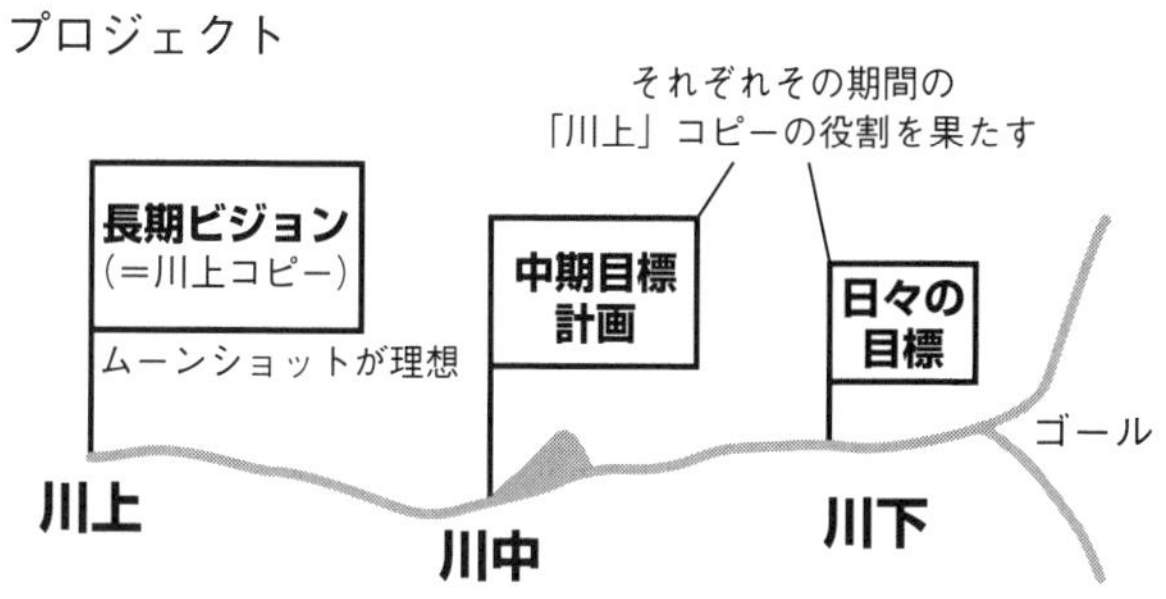

上記の図を参考にぜひ、あなたのプロジェクトでも考えてみてください。

第三章

「マーケティング」は川上から始めよ

（1）「川上」のコンセプトを言語化する

†商品開発や広告宣伝にも「川上」は重要

第三章では、商品開発、サービスモデル、広告宣伝などいわゆるマーケティング分野における、「川上」の重要性について見ていきます。

これらは、会社経営という大きな川の流れでいうと、中流から下流に当たる部分ですが、それぞれのカテゴリー（商品開発、サービスモデル、広告宣伝など）においては、一番上流にあたる「全体を貫く背骨になる基本的な考え方」のことです。

一般的には、「コンセプト」と呼ばれることが多いです。

商品・店舗などを企画開発する時、まずは川上のコンセプトを明確に言語化しておくことは重要です。それによって、その商品のどこが新しく、なぜ開発するに値するかが明確

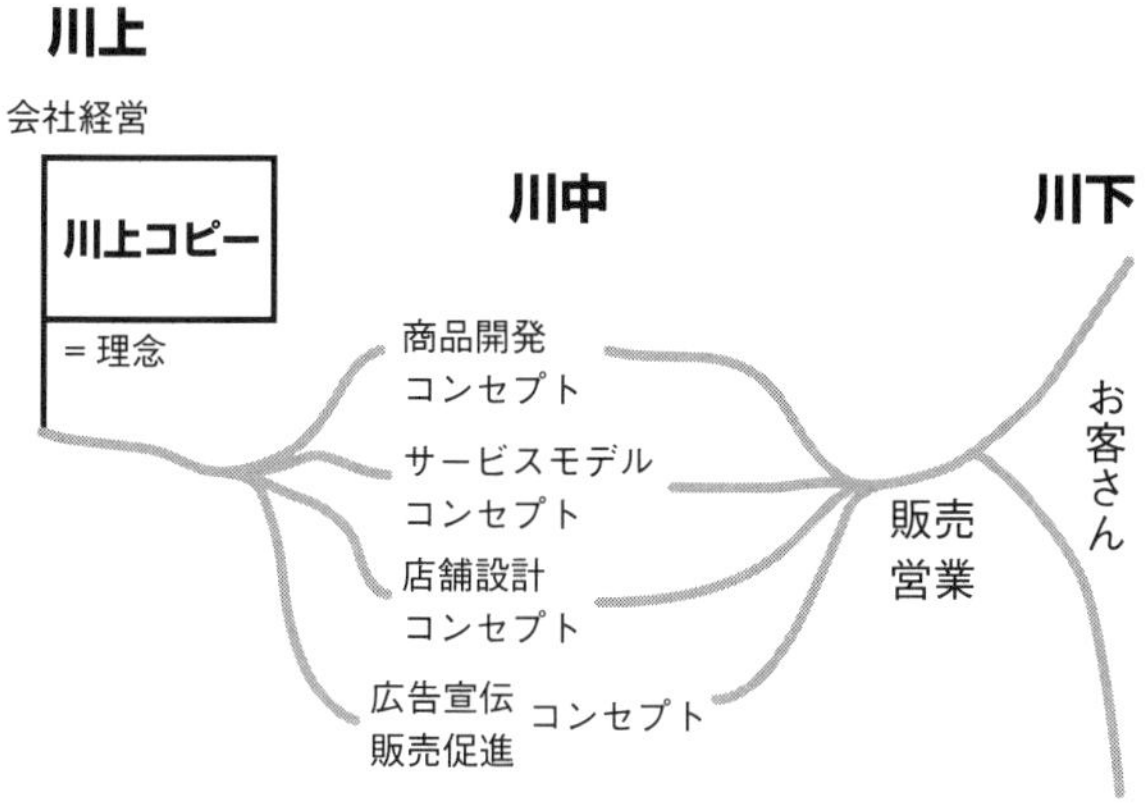
川上
会社経営
川上コピー
＝理念
川中
川下
商品開発
コンセプト
サービスモデル
コンセプト
店舗設計
コンセプト
広告宣伝
販売促進
コンセプト
販売
営業
お客さん

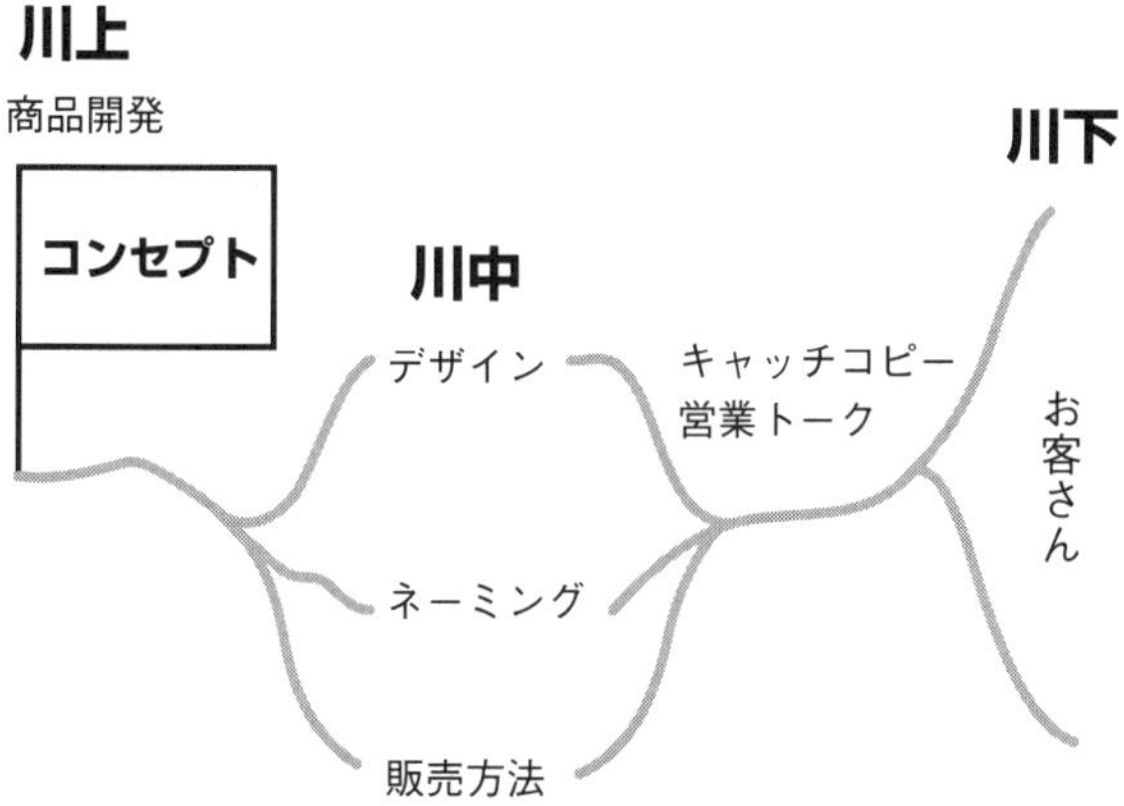
川上
商品開発
コンセプト
川中
川下
デザイン
ネーミング
販売方法
キャッチコピー
営業トーク
お客さん

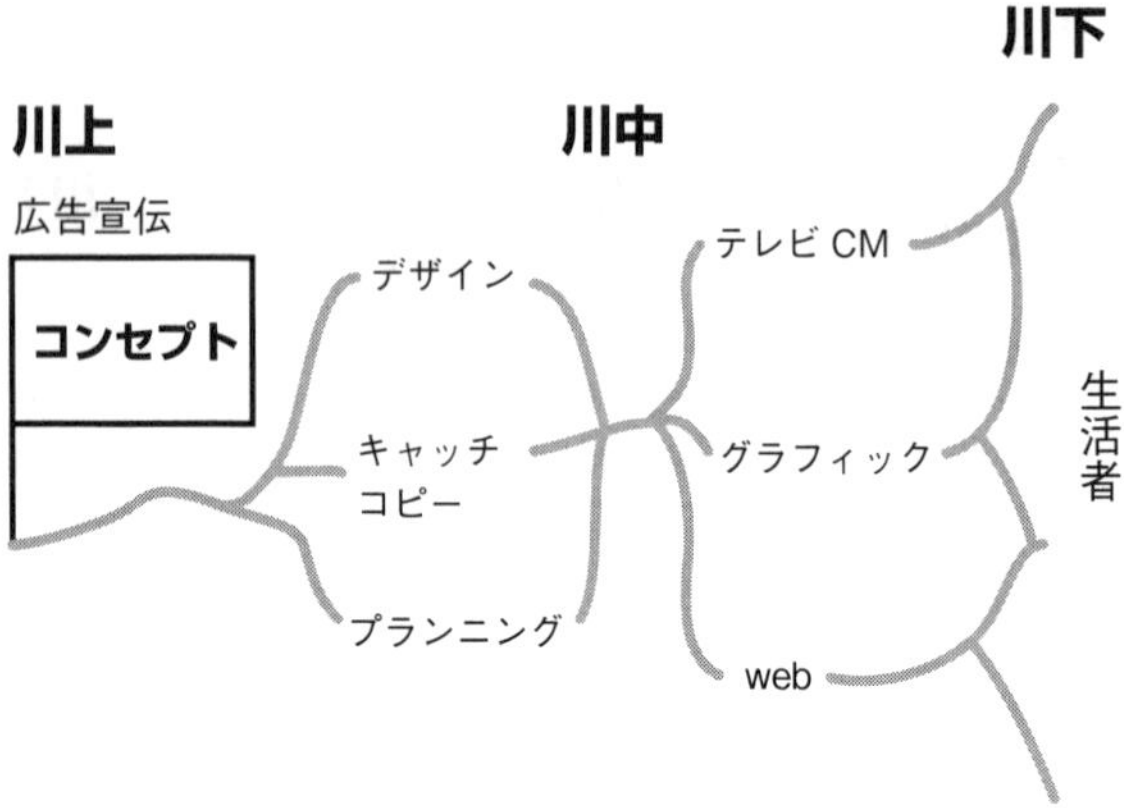

になるからです。またコンセプトをきちんと言語化しておくことで開発の方向性がズレません。コンセプトと、実際にできた商品との乖離が少なくなります。

サービスモデルにおいても川上は重要です。コンセプトをひと言で表現することができれば、生活者から見てそのサービスの価値が実感できるからです。

広告宣伝等で商品やサービスなどを告知する時にも川上のコンセプトが明確であれば、デザインやキャッチコピーなど実制作をしていく上での指針になり、生活者にも伝わりやすくなります。

商品やサービスの開発コンセプトは、実際の商品・サービスにおけるキャッチコピーと同じである必要はありません。あくまで、「考え方の考え方」です。

しかし、本当に優れたコンセプトである場合は、そのまま商品・サービスのキャッチコピーに持ってきても通用する場合が多いのも事実です。変えたとしても、具体的な数字を入れたり、より短くわかりやすくしたりする程度で済む場合は、コンセプトが優れていたということです。

それができずに、新たに他の耳触りのいいような言葉を開発しなければならないとしたら、それはコンセプトが明確でなかったと言えるでしょう。

たとえばイギリス発の家電メーカーであるダイソンは、開発コンセプトがほぼそのまま、CMなどのキャッチコピーになっています。

掃除機

〈開発コンセプト〉

吸引力の変わらない掃除機

〈CMコピー〉

ダイソン。吸引力の変わらない、ただひとつの掃除機。

エアマルチプライアー
〈開発コンセプト〉
羽根のない扇風機
〈CMコピー〉
羽根がない、つまり安心。

このように商品の開発コンセプトが優れていると、そのままキャッチコピー化するだけで、商品の特性がすぐに伝わります。どちらの商品も大ヒットしました。

この章ではまず、商品開発におけるコンセプトを明確にしたことで、世界的なヒット商品が生まれた事例からご紹介していきましょう。

†ソニーを世界的企業にした「ポケッタブル」

一九四五（昭和二〇）年九月、空襲で焼け野原になった東京に、長野に疎開していたひとりのエンジニアが戻ってきました。のちにソニーを創業する井深大《いぶかだい》です。当時三七歳でした。

かろうじて焼け残った建物の一室で、「東京通信研究所」の看板を掲げます。自分たちの持てる技術を世の中に役立てていきたいという目的はあったものの、何から手をつけていいかわかりません。とりあえず需要があった、ラジオの修理と改造をする仕事をしました。

戦争中、アメリカの放送が聴けないように短波が切られたラジオを、海外放送も聴けるように改造する仕事です。海外の情報に飢えていた当時の日本人には、需要がありました。

翌年五月、井深は戦前から親交のあった盛田《もりた》昭夫《あきお》らとともに「東京通信工業」という会社を起業しました。社員数約二〇名の、小さな町工場です。

井深は創業の挨拶で、「大きな会社と同じことをやったのでは、我々はかなわない。しかし、技術の隙間はいくらでもある。我々は大会社ではできないことをやり、技術の力でもって祖国復興に役立てよう」と語りました。

その後、日本初のテープレコーダーを開発し、会社は少しずつ大きくなっていきます。次に井深が目をつけたのが、「トランジスタ」という技術でした。トランジスタを開発したベル研究所の親会社であるウエスタン・エレクトリック社（以下WE社）が、その特許の公開を検討しているというニュースを知ったからです。

井深は、トランジスタこそが、自社の技術者たちを奮い立たせ熱中させるものになると考えました。そして、トランジスタでラジオを作る構想を抱きました。

一九五三（昭和二八）年、東京通信工業は、WE社が持っていた特許のライセンスを取得し、社運をかけてトランジスタラジオの製作に乗り出すことにします。WE社自身も「トランジスタでラジオは無理だから、補聴器を作ったらいい」と言ったくらい無謀な挑戦でした。

日本で銀行から融資を受けようとしても、「トランジスタというのは、真空管の代用品でしょう」と馬鹿にされることも、しばしばでした。

確かに、苦労してトランジスタラジオを作っても、見た目が今までの真空管ラジオと変わらなければ、高いだけでその価値がわかる消費者はほとんどいない。当時、メディアの中心だったラジオは真空管を使った大きなサイズが中心で、一家に一台、お茶の間にどんと設置されている家具でした。

井深は、ラジオのサイズをガラっと変えることを考え、技術者たちに以下の商品コンセプトを伝えました。

「ポケッタブル（ポケットに入る）ラジオ」

英語には「ポータブル（持ち運びができる）」という言葉はありましたが、「ポケッタブル」という言葉はなく、井深らが作った和製英語です。アメリカでは既に「ポータブル」と称するラジオは出てきていたので、それではインパクトがない。より小さくポケットに入るくらいのサイズである「ポケッタブルラジオ」を開発するんだと、川上の商品コンセプトを明確にしたのです。

ポケットに入るラジオいうことになると、一家に一台から一人一台に、さらには簡単に持ち運びができて外で聴くこともできる。

一目で、今までと違う革新的な商品であることがわかります。

世界のどこの会社もまだやったことがないことを、敗戦国の小さな町工場がチャレンジしようとしたのです。技術者たちはその目標に燃え、トランジスタのポケッタブルラジオを開発しようと夢中になりました。

そして、日本初の、持ち運びできるサイズのトランジスタラジオ「TR-55」の開発に成功。一九五五（昭和三〇）年、SONYのマークをつけて発売されました。自社製トランジスタでラジオを作ったのは、世界初の快挙でした。しかし、それはまだまだポケットに入るサイズではなく、当初のコンセプトには到達していません。技術者たちは、小型化へのさらなるチャレンジを止めませんでした。

そして一九五七年、とうとう世界最小のポケッタブルラジオ「TR-63」を開発します。当時の会社員の月収に近い金額ながら、よく売れました。

実は、その裏にこんなエピソードもあったといいます。「TR-63」は上着のポケットには入っても、通常のワイシャツの胸ポケットにはギリギリで入らなかったのです。そこで、胸ポケットをわずかに大きくした特注のワイシャツを作り、セールスマンに着用させて、ポケッタブルであることを売り込ませました。それだけ、ポケッタブルというコンセプトにこだわりがあったということでしょう。

「TR-63」は、アメリカへ輸出され大ヒットします。今までないコンパクトさと英語にはない「ポケッタブルラジオ」というフレーズに、インパクトがあったのです。それまで粗悪品の代名詞だったメイド・イン・ジャパンのイメージを、一八〇度変えました。

この翌年、東京通信工業はソニーと社名を変更、世界企業へと発展します。

†「ヘッドホン付きステレオ再生専用機」をつくれ

トランジスタラジオで世界的な企業になったソニーは、七〇年代の終わりにも、商品開発で大きなイノベーションを起こしました。

すでに一線を退き、名誉会長になっていた井深の「**移動中に音楽が聴ける小型ステレオ再生機が欲しい**」という、個人的な頼みから始まりました。

当時、井深は海外出張の機内で音楽を楽しむために、大きなステレオカセットレコーダーとヘッドホンを機内に持ち込んでいました。しかし重すぎるので、ソニーが既に発売していた小型モノラルタイプのテープレコーダー「プレスマン」に、ステレオ機能を追加してくれるように頼んだのです。

スタッフは、「プレスマン」から録音機能を取り除く代わりにステレオ機能を組み入れ、それにヘッドホンをつけて渡しました。その「改造版プレスマン」を井深はとても気に入り、当時会長だった盛田のもとに「歩きながら聴けるステレオ再生機を作ったらおもしろいのでは」と持ち込んだのです。

自宅で試した盛田も気に入りました。持ち運びができて自分一人で聴けるのは新しい。

これは化けるかもしれないと、ビジネスマンの勘が働いたのです。

一九七九年二月。盛田は本社の会議室に、エンジニア・デザイナー・企画・宣伝などセクションを横断した若手メンバーを招集します。

何事かと緊張する社員たちを前に、盛田は商品コンセプトを宣言します。

「歩きながら音楽を楽しめる、ヘッドホン付きステレオ再生専用機をつくる」

さらに、ターゲット・期日・価格にまで言及しました。「**音楽好きの学生をターゲットにする。だから夏休みまでに作る。価格は四万円を切ってくれ**」と。

明確に、川上の方針を打ち出したのです。

発売まで四カ月しかありませんでした。商品を設計し、量産体制を整え、販売体制や広告宣伝などを考えると、通常では考えられない無謀なスケジュールです。

当然、最初は全員が無理だと思いました。その一方で、「自分も使ってみたい商品だ」とも感じました。そのうち、盛田の熱に心動かされ「確かに非常に困難だが不可能でないかもしれない。やってみよう」ということで意志統一されたのです。

こうして商品開発はスタートしましたが、「そうは言っても録音機能も付けたほうがよいのでは」という意見も根強くありました。しかし盛田は、「再生専用・小型ヘッドホンステレオ、発売は夏休み前」という川上のコンセプトを変えませんでした。

技術的な部分は「プレスマン」を流用することで解決しましたが、問題は、今までなかったこの商品のコンセプトが世の中に受け入れられるかです。

名前は、宣伝部の若手が決めた「ウォークマン」に決まりました。和製英語ですが、歩きながら音楽を楽しむというコンセプトに合います。

しかし、発売前の「ウォークマン」は、社内外で「こんな商品が売れるわけがない」という悲観的な意見が噴出しました。営業が販売店に説明しにいっても、「こんな商品、どうやって使うの?」というネガティブな反応がほとんどです。

七月一日、いよいよ世界初のヘッドホンステレオ(「携帯音楽プレイヤー」のことを当時はそう呼んでいた)「ウォークマン」は発売されます。ぎりぎり夏休み前という目標に、間に合ったのです。

盛田は絶対に売れるという確信のもと、発売前に異例の三万台を生産しました。

ところが、斬新な記者発表をしても、マスコミは冷やかでほとんど記事になりませんでした。また、宣伝部や営業スタッフが地道な草の根のＰＲ活動を繰り広げましたが、当初一カ月はまったく反響がありません。

七月中に売れたのは、わずか三〇〇〇台。社内でも、「やはり失敗なのでは」という空気が蔓延しはじめた頃、徐々に風向きが変わります。

電車や大学のキャンパスなどでウォークマンを聴いている人間を見て、カッコイイと思う若者が増えていったのです。学生を中心とした若者の間に、徐々に野外で、ヘッドホンで音楽を聴くというスタイルが浸透していき、やがてそれはブームになっていきました。

何と八月中に、当初の三万台は完売し、品切れ店が続出。注文が殺到し、今度は生産が追いつかない事態になったのです。

こうして、ウォークマンは、発売数カ月で社会現象になるくらいの大ヒット商品になります。

さらに半年後、世界で売り出されることになりました。

当初、英語圏の販売会社では、「ウォークマン」なんて変な名前では売れないという意見が大勢でした。実際、アメリカ、イギリス、オーストラリアではそれぞれ別の名前で売りだされました。やがて、盛田の号令で「ウォークマン」で統一。もともとなかった商品だから、変な名前でもいいだろうと考えたのです。

それが当たり、世界でも社会現象を呼び起こすほどの大ヒット商品になりました。他社からの追随商品も出ましたが、「ウォークマン」がヘッドホンステレオをあらわす普通名詞になります。数年後には、フランスやイギリスの権威のある辞書にも「ウォークマン」という和製英語が掲載されるほどでした。

結果的には、最初の川上の商品コンセプトがブレなかったことで、「ウォークマン」は革新的な商品になり得たと言えるでしょう。

それにしても、「こんなのを作ってくれ」とアイデアを出したのが、当時既に七〇歳を過ぎた井深で、「これはいける」と商品化に熱中したのは六〇歳に近い盛田であったということはすごいですね。

†なぜソニーはiPodを開発できなかったか?

その後、ソニーは世界的ブランドに発展をとげ、「ウォークマン」は、八〇年代、九〇年代と携帯音楽プレイヤー市場で一強として君臨していました。

そんなウォークマンを携帯音楽プレイヤーの王座から引きずり下ろしたのが、二〇〇一年にアップルが開発したiPodでした。

アップルのCEOに復活したスティーブ・ジョブズは、一章で紹介した「Think Different.キャンペーン」により、倒産九〇日前とまで言われていた会社の空気を一変させました。そして発売されたiMacは大ヒットし、息を吹き返したのです。

しかし、ジョブズはまったく満足していませんでした。

次に彼が目をつけたのは、音楽業界です。

当時、アメリカの学生の間ではMP3ブームが起こっていました。Napsterという音楽共有サービスに加入して、MP3をPCにダウンロードして聴いていたのです。

ジョブズは、革新的な「MP3プレイヤー」をつくることで、デジタル・ミュージック・プレイヤーの覇権を握ることを考えました。

その頃、既に「MP3プレイヤー」には、韓国やアメリカのさまざまなメーカーが参入していました。しかし、ソニーは参入できていませんでした。当時の技術力を持ってすれば容易に参入できたはずなのですが、自社でカセットテープ、MDなどを販売していたソニーは録音メディアの売上が減るのを恐れたのです。CDの売上を激減させたMP3に対しても、よく思っていませんでした。

結局、ソニーは、生活者に便利なハードディスクではなくメモリースティックを、人気のMP3ではなく独自規格のATRACという方式を採用し、メモリースティック方式のウォークマンを発売しました。生活者より会社の都合を優先させたこの製品に、市場はまったく反応しませんでした。

ジョブズは、かつて、盛田昭夫と交流があり、ソニーをとてもリスペクトしていました。「コンピューター界のソニーになる」と公言していたほどです。

そんなソニーがMP3プレイヤーに参入しないのであれば、これは大きなチャンスになると直感しました。

そして、以下の開発コンセプトにそった音楽プレイヤーの製造を指示しました。

「持っている音楽すべてを、ポケットに入れて持ち歩ける」

それは、非常に斬新なコンセプトでした。

他社が「5GBの携帯音楽プレイヤー」などと、スペックを訴求していたのと大きな違いです。

ウォークマンから受け継がれた「街で自分の好きな音楽を聴く」という基本はそのままに、音楽ライブラリーをすべて持ち歩けるという発想が新しかった。それまでは、メディアは何であっても、外出する前に自分がその日聞きたい音楽ソフトを選んで持ち出すという作業が必要だったからです。

そのコンセプトにそって開発されたのが、iPodです。すべての音楽ライブラリーがあるのですから、シンプルに聴きたい音楽を探し出す必要があります。そのためにジョブズは直感的な使いやすさを何より重視しました。そして「三**回以上、ボタンを押させるんじゃない**」と指示を徹底したのです。

二〇〇一年、iPodは以下のキャッチコピーで発売されました。

ポケットに一〇〇〇曲を

一〇〇〇曲という具体的な数字を入れることで、商品コンセプトをよりわかりやすくしたのです。

当初は「高すぎる」「そんなにたくさん持ち歩いても、結局聴けないじゃないか」という声が多かったのも事実です。ソニーはiPodの実物を試して、音質では明らかに勝っていることに安堵したといいます。

しかし、生活者の反応は違いました。そこまでの音質の違いなど求めていなかったのです。「**持っている音楽すべてを、ポケットに入れて持ち歩ける**」というコンセプトが音楽ファンの心をわしづかみにしました。

携帯音楽プレイヤー市場で圧倒的な地位をしめていたソニーに変わって、アップルが王者となります。これをきっかけにソニーブランドは凋落し、それに変わってアップルのブランドイメージは跳ね上がったのです。

(2) わかりやすいコンセプトで大成功

†紙ナプキンに書かれた「空飛ぶバス」

さて次に、提供する「川上」のサービスモデルにわかりやすいひと言のコンセプトをつけたおかげで、多くの人に支持された事例を見ていきましょう。

一九六六年、アメリカ・テキサス州サンアントニオで弁護士をしていたハーバート・ケレハーは、顧客で小規模な航空会社を経営していたロリン・キングから、あるビジネスモデルの相談を受けました。テキサス州の三都市、サンアントニオ・ヒューストン・ダラスの短距離路線に特化した航空会社を作りたいというものでした。

キングは、会食していたレストランの紙ナプキンに、そのアイデアを書きながらケレハーに熱弁をふるいました。州外の主要都市向けの航空路線は数多くの便が飛んでいるのに、ローカル都市同士の路線は少ない。あっても高い。クルマやバスで行けないことはないが時間がかかり疲れる。

そこで、「巡回バス」のようにテキサス州の三都市だけをまわり、不要なサービスを削減することで低価格の飛行機会社を作ったらどうだろう、と言うのです。

この時、紙ナプキンに書かれたメモこそが、ローコストキャリア（ＬＣＣ）で世界最大の成功をおさめるサウスウエスト航空の物語の始まりであり、「**空飛ぶバス**」という提供サービスのコンセプトが生まれた瞬間でした。

今でもこの時のナプキンは、ダラス本社に額に入れて飾られています。

州内のそれらの都市にクライアントがあったケレハーも、同じことを感じていたので賛同し、経営陣の一員として参画することにしました。のちに、ビジネス誌などで「アメリカでもっとも尊敬される経営者」と賞賛されることになるケレハーは、この時、既に四四歳。航空業界はまったくの門外漢でした。

実際に事業を始めるにあたっては、既存の航空会社から激しい抵抗をうけ、なかなかうまくいきませんでした。既存の航空会社は、サウスウエスト航空が事業を始めることを脅威に感じ、訴訟をおこしたのです。

やっとのことで事業が始まったのは、一九七一年六月。四年かかってようやくサウスウエスト航空の最初の便が到着した時、ケレハーは思わず飛行機に歩み寄って泣いたといいます。

こうしてサウスウエスト航空は、中古のボーイング737を三機使い、サンアントニオ・ヒューストン・ダラスの三都市を一日一八往復することから始まりました。

当初、利用者数は伸びず、資金難に苦しみます。その後、ヒューストンの発着地をインターコンチネンタル空港から、都市部にアクセスのいいホビー空港に変えると、利用者が急増。黒字化に成功します。

そこからサウスウエスト航空は、順調に路線を増やしていくようになり、四〇年以上も黒字が続く超優良航空会社に発展を遂げました。しかし、どんなに大きくなっていっても、短距離路線に徹し、低運賃で頻繁に運航するという「空飛ぶバス」という川上のコンセプトは変えませんでした。

それまでの航空業界では「長距離の人気路線を持つ会社が儲かる」というのが常識でしたが、「空飛ぶバス」というコンセプトはそれらを覆す、斬新なものだったのです。

†「空飛ぶ電車」でアジアの架け橋に

LCCの普及が遅れていた日本ですが、二〇一二年になってようやく「ピーチ・アビエーション」「エアアジア・ジャパン（現バニラ・エア）」「ジェットスター・ジャパン」の和製LCC三社が、相次いで就航を開始しました。

中でも、好調な業績をあげ注目されたのは、「ピーチ・アビエーション（以下ピーチ）」です。

二〇〇八年、全日空の北京支店にいた井上慎一さんは東京本社に呼び出され、社長から直々に「LCCを立ち上げて、三年以内に飛ばせ」と指令を受けました。井上さんにとって青天の霹靂でしたが、どうせだったら思いきりやろうと、三年間アジアを中心に世界のLCCを研究しつくしました。

その結果、女性にターゲットを絞り「カワイイ」というトーンで勝負していくことにしました。ビジネスマンや家族旅行などのセグメントでは、勝ち目がないと思ったからです。

その結果、ピーチというネーミングや、斬新なフーシア色（ピンクに近い赤紫）のコーポートレートカラーが誕生しました。

そして提供するサービスモデルのコンセプトを、「空飛ぶ電車」と定めました。
ちなみに「空飛ぶ電車」とは、以下のようなことをいいます。

・お客さんは駅の改札を通るように、自身で自動チェックイン機を通る。
・基本は自由席。指定席は追加料金。
・定刻になると、お客さんを待たず無慈悲に出発する。
・電車のワゴンサービスのように、飲食物は有料で提供する。
・映画や音楽などのエンターテインメントは一切なし。

確かに考えてみれば、新幹線ではそれが当たり前です。

しかし、初年度は、特に定刻発車にはクレームが多かったといいます。「数分くらい待てないのか?」というものです。既存の航空会社であれば、アナウンスしてくれたり、グランドスタッフが探してくれたりするのが一般的だからです。それに対しても、「お客様、私たちは〝電車〟なのです。お待ちできないからこそ、運賃も安くできるのです」と伝えたといいます。

「空飛ぶ電車」というコンセプトが浸透したおかげで、毎月沖縄の美容室に通う台湾の女の子、焼肉を食べるためだけに韓国に行くＯＬ、毎月のように石垣島に行く大阪のおばちゃんなど、お客さんが自由な使い方をしてくれるようになりました。

ピーチは、「空飛ぶ電車」でヒト・モノ・コトの交流を深めるアジアの架け橋となることを経営理念に掲げています。

†味や雰囲気ではなく「速さ」をコンセプトに

サービスモデルの「川上」に具体的な数字を入れることで、新しいコンセプトを開発し、小さなお店から世界的な企業に発展した事例をご紹介しましょう。

一九六〇年、アメリカのミシガン州イプシランティの学生街にあった小さなピザショップを、トム・モナハンが買収しました。そのピザ屋は小さく後発だったために、思い切ったコンセプトで勝負しました。それが以下のものです。

「熱々のピザを三〇分以内にお届け。間に合わなかったら代金無料」

そう、そのピザ屋こそ、後に全米中に広がり、さらには日本をはじめ全世界八五以上の国と地域の一万五〇〇〇店以上の店舗で販売されることになる「ドミノ・ピザ」です。

当時、同じ街にもドミノよりもおいしいピザ屋はいくつもありました。

多くのピザ屋は、「うちは石窯で焼いている」「こんな素材を使っている」等と味を訴求していました。

そんな中、ドミノは宅配ピザに絞り、「三〇分以内で熱々を届ける。間に合わなかったら無料」という「提供時間」にコンセプトを絞ったのです。※

このコンセプトを実現するために、当時のドミノ・ピザは、サイズを二種類に、トッピングを六種類に限定。飲み物はコーラだけにしたといいます。「三〇分以内に熱々を届ける」というコンセプトの実現を最優先させたことが、成功の秘訣でした。

日本には一九八五年九月に、東京・恵比寿に一号店が誕生しました。当時、宅配ピザというものは日本にはなく、受け入れられないだろうという予想が大半でした。しかしアメリカで支持された「焼き立てのピザを三〇分以内にお届け」というコンセプトは、日本でも大きな反響を呼びました。その後、いくつもの宅配ピザチェーンが誕生するきっかけになりました。

※その後、セントルイスで起こった配達員の信号無視による死亡事故により、現在は三〇分以内を保証するというシステムは廃止されています。

†3Mをなくしたことで世界的チェーンへ

その業態の一般的なサービスモデルから、当然あるであろうモノを引き算することで、斬新なコンセプトが生まれた事例をご紹介します。

アメリカのテキサス州に生まれたゲイリー・ヘブンは、幼い時に母親を亡くしました。母親はまだ四〇歳の若さでしたが、肥満体で高血圧とうつ病を発症していました。

ゲイリーは医学部に入ります。自分のように幼くして母を亡くす子供が少しでも少なくなればという思いからでした。しかし医学を学ぶうちに、医療だけでは自分の母親のような人は救えないと気づきます。医学部を中退し、運動と栄養の博士号を取得したのです。

運動する場所さえあれば、母のような人も生きていたはずと、ゲイリーはフィットネスクラブを立ち上げますが失敗。さらに、女性向けフィットネスクラブも立ち上げましたが失敗します。

そもそも、昔の母のような運動が苦手で体型にコンプレックスがある中年女性は、フィットネスクラブに来てくれないことがわかりました。その理由を調べてみると、三つのものに行き当たりました。

それが、「Men（男）」「Make-up（化粧）」「Mirror（鏡）」でした。

男性の目がイヤ、運動しにいくのにメイクする必要があるのがイヤ、鏡で自分の姿を見るのがイヤというのが、フィットネスクラブに来ない原因だったのです。

そこで、ゲイリーは、今までにないフィットネスクラブのコンセプトを思いつきました。

それが以下のものです。

No Men, No Make-up, No Mirror（男なし、メイクなし、鏡なし）

会員もスタッフも女性のみで、鏡はなく、化粧をして行かなくてもいい。

そんなコンセプトの元にうまれたのが「カーブス」です。ゲイリーは一九九二年、テキサス州ハーリンゲンに最初のカーブスをオープンさせます。

プールやシャワー室、本格的なトレーニングマシンなどの設備はすべて省きました。

スタジオもないので鏡もありません。筋力トレーニングと有酸素運動とストレッチを組み合わせてわずか三〇分でワークアウトできる、でも健康効果のあるフィットネスにしたのです。

これが大当たりして、わずか六年で全米五〇〇〇店以上に増えました。

日本では、二〇〇五年に株式会社カーブスジャパンが一号店を開業。フランチャイズ展開をはじめ、二〇一八年八月現在日本全国で一八六〇店舗を数え、八五万人の会員がいます。その九〇%近くが五〇代以上の女性です。

従来のフィットネスクラブから要素を引き算したコンセプトで、ここまでの大きな支持が得られたのですから驚きです。

†二位だからもっと頑張ります

次は、広告宣伝などの川上で、今までにないコンセプトを思いつき、それが力のある広告表現に結びついたことで、大きな成果を生み出した事例についてご紹介しましょう。

一九六二年当時、アメリカのレンタカー業界では、ハーツがシェア六〇%近くと圧倒的なナンバー1企業でした。二位のエイビスの売り上げは、ハーツの四分の一程度。三位はすぐうしろに迫っていました。

　前年に巨大な赤字を出したエイビスは、経営陣を一新するとともに、新しい広告会社にＤＤＢ（ドイル・ディーン・バーンバック）を選び、広告キャンペーンを実施することにしました。ＤＤＢは創業一三年の若い会社でしたが、「正直な広告をうつ」という信念で急成長していました。特に当時実施されていたフォルクスワーゲンの広告キャンペーンは、非常に話題になっていたのです。

　コピーライターには、ＤＤＢのポーラ・グリーンが担当することになりました。

　しかし彼女が新経営陣にヒアリングしても、エイビスがハーツに勝っているところがひとつもみつかりません。ポーラは質問します。

「御社がハーツに勝つところは、何かないんですか？」

　すると、新社長は少し考えて言いました。

「私たちは、もっと頑張るつもりです」

　困ったポーラでしたが、社へ帰りＤＤＢの社長バーンバックに相談すると、彼は次のように言いました。

「じゃあ、そのまま『もっと頑張ります』をコンセプトにしたら」

アメリカ広告史上に残る成果を生み出したキャンペーンのコンセプトが、以下のように決まった瞬間でした。

エイビスは二位です。私たちはもっと頑張ります。

Avis is No.2. We try harder.

ポーラは、この川上のコンセプトを元にアートディレクターと広告原稿を制作しました。写真は極力小さくして、文字だけが目立つようにしました。何よりもこのコンセプトを際立たせることが目的だからです。広告コピーは、以下のようなものでした。

エイビスは、レンタカー業界で二位にすぎません。
それなのに、なぜ私たちを選ぶ必要があるのでしょう?

私たちはもっと頑張ります。(あなたも最大手じゃなければそうするでしょう)
私たちは、汚れた灰皿を我慢できません。

満タンじゃないガソリンタンクも、壊れたワイパーも、
洗車してない車も、低空気圧タイヤも、調整できないシートも、
温まらないヒーターも、霜がとれない霜取りも。
（中略）
次回は、私たちを使ってください。
うちのカウンターの方が行列が短いですしね。

この企画を提案されたＤＤＢの経営陣は、当初大きなショックを受けました。最初から自分たちが劣っている、なんていう広告を見たことがなかったからです。しかし、徐々に「見慣れると好きになってきた」という役員たちも現れました。賛否は半々です。反対側の大きな理由のひとつに「もし、お客さんがエイビスの車の灰皿でタバコの吸殻を見つけたら、広告がウソになる」というものがありました。そこでポーラは、以下のもうひとつの広告案を用意して、説得しました。

もし、エイビスの車の灰皿にタバコの吸殻を見つけたら、

苦情を言ってください。私たちのためになることですから。

私たちが前進するためにはあなたの助けが必要です。
エイビスはレンタカー業界で二位にすぎません。
だからもっと頑張らなきゃいけないんです。（後略）

こうしてこのキャンペーンは実施されることになりました。エイビスの幹部たちがまずやったのは、社内へのコンセプトの浸透です。

二枚の広告案をもって、全国のディーラーをくまなくまわり、全従業員に、「エイビスは二位です。私たちはもっと頑張ります」というコンセプトを誓わせました。

また、クルマのチェック項目を一〇〇近くも掲げたカードを作成させ、全国に配りました。従業員は全員、胸に「We try harder.」と書いたステッカーを貼って、接客にあたることになりました。

「エイビスのナンバー2キャンペーン」が実施されると、大きな反響を呼びました。「エイビスは二位です。私たちはもっと頑張ります」というコンセプトをもとに、いくつもの広告が発表され話題になったのです。

広告は、自社がいかにナンバー1であるかを誇示するのが一般的です。エイビスもそれまでは「レンタカー会社の中で最高のサービス」という広告をうっていました。しかし利用者にはその言葉はまったく響いていませんでした。「二位の会社のくせに、なぜ最高のサービスができるんだ？」と心の中で思っていたのです。

そんな中、あえて二位であることを認め、だからこそ「もっと頑張る」と主張したエイビスの広告に、多くの利用者は共感したのです。「そうやってマイナスを認めるくらいだから、きっと一所懸命やってくれるだろう。よし利用してやろう」と。

また、従業員たちの士気も上がりました。

その結果、たった一年で売り上げは五〇％増となり、一三年間続いた赤字は大幅な黒字になりました。シェアも大幅にアップしました。それまで混戦だった三位以下の会社との差も大きく広がりました。

一位に対抗することがテーマに見えるコンセプトであり広告でしたが、結果として三位以下の会社をかすませて、そこからシェアを奪い取る効果も大きかったのです。

†「一番素敵な人が乗るバイク」でイメージチェンジ

一九六三（昭和三八）年、日本企業がアメリカで展開した広告キャンペーンも大きな話題になりました。

戦後すぐに本田宗一郎が浜松で起業したホンダは、オートバイメーカーとして発展をとげていました。一九五八（昭和三三）年、スーパーカブC一〇〇を発売。日本国内で大ヒットします。

日本での成功を受け海外進出をもくろんだホンダは、アメリカに照準をあわせ一九五九年にアメリカ・ホンダ社を設立します。

当時、アメリカでは移動手段として既に自動車が一般的になっていました。バイクは年間六万台しか売れず日本の一〇分の一程度の市場で、しかもそのほとんどはハーレーダビッドソンなど五〇〇cc以上の大型車でした。

アメリカ・ホンダも、当初は大型バイクを売ろうとしましたがまったく売れません。しかし、意外にも小型のスーパーカブが売れます。そこで、一九六一年からスーパーカブに販売の主力を切り換え、一九六二年には年間四万台を売り上げるまでになりました。

しかし、まだまだバイクはマイナーな乗り物でした。そこで、アメリカ・ホンダは翌一九六三年の売り上げ目標を一気に五倍の年間二〇万台に設定し、かつてないほどの大規模な広告キャンペーンを実施することになったのです。

コンペの結果、広告代理店グレイ社が提案したコンセプトが採用されました。それは以下のようなものでした。

一番素敵な人たち（the nicest people）が乗るバイク

当時、アメリカ人にとってバイクは、「ブラックジャケット（革ジャンを着たならず者）の乗り物」というイメージでした。それを、一般の良識ある素敵な人たち（＝ナイセストピープル）の乗り物であるという風に、大きくイメージチェンジさせるためのコンセプトだったのです。

実際の広告には、

ホンダに乗るのは一番素敵な人ばかり

You meet the nicest people on a Honda

というキャッチコピーが採用され、ポップでカラフルなイラストで、老若男女の良識ある人たち、いわゆるナイセストピープルが、いろいろな目的でスーパーカブに乗る姿が描かれました。これらの広告は『ライフ』『ルック』『ポスト』『プレイボーイ』等の一般雑誌に掲載されました。バイクの広告がこのような雑誌に登場するのは、異例中の異例だったのです。

それまでまったくバイクに興味がなく、むしろ嫌悪感を抱いていた一般人に、日常の暮らしに密着した手軽な乗り物としてのバイクを認識させました。またホンダという名前を一躍アメリカ中に広めたのです。

この「ナイセストピープルキャンペーン」により、スーパーカブは、親から子供への誕生日やクリスマスのプレゼントにも選ばれるくらいの大ヒット商品になりました。

†「世界で最高の仕事」に応募殺到

今まで人気がなかった観光地が、あるコンセプトを発見して訴求したことで、認知度が急速にあがった事例をご紹介します。

オーストラリア・クイーンズランド州は、北東部にある二番目に大きな州で、世界遺産にもなっている「グレート・バリア・リーフ」付近の島々も含まれています。

二〇〇九年当時、クイーンズランド州観光公社は問題を抱えていました。リゾート地としての知名度が低く、大陸から日帰りでいけるイメージが定着し、島々に宿泊できるというイメージが定着していなかったのです。

そんな状況を変えようと、クイーンズランド州観光公社は地元の広告会社と組んで、観光PRキャンペーンを実施することにします。

しかし、どんなにその場所のよさを訴求しても、他のリゾート地との違いを訴求することは難しいし、予算も少ない。

そんな中、誕生したコンセプトが以下のものです。


島の管理人を「世界で最高の仕事」として募集し、その選考過程を公開する

その仕事が誰もがうらやむような仕事であれば、話題になり、実際に一名が選ばれるまで（選ばれてからも）、ＰＲ効果が続くと考えた上でのコンセプトでした。

実際の求人広告では、ハミルトン島の管理人の求人広告の体裁で以下のようなコピーが使われました。

世界で最高の仕事
The Best Job In The World

仕事内容は雑務と週に一度のブログでの情報発信で、待遇はプール付きの豪邸に住み六カ月契約で一五万豪ドル（約一〇〇〇万円）。もちろん、現地までの航空券や保険もつきます。条件は、一八歳以上で英語がしゃべれることのみ。

応募は、自己ＰＲが入ったビデオを送るというもの。

この「世界最高の仕事」の求人サイトには、八〇〇万人近い人々が訪問し、世界二〇〇近い国と地域から、約三万四七〇〇通のビデオによる応募がありました。ネットだけでなく、イギリスのＢＢＣ放送でこのキャンペーンのドキュメンタリー番組が放映されるなど、各国のマスメディアでも話題になりました。

選ばれたイギリス人のベン・サウスオールさんは、世界の数多くの国のメディアからインタビューを受けました。実際赴任してみると、クイーンズランドのよさを少しでもアピールしなければという責任感を感じ、のんびりする時間はなく「世界一忙しい仕事」とクレジットされるべきだったと、のちに語っています。

このキャンペーンの結果、ハミルトン島などへの問い合わせや訪問者は大幅に増え、かけた予算の七〇倍以上の宣伝効果を生み出したという試算もあります。「島の管理人を「世界で最高の仕事」として募集し、その選考過程を公開する」というコンセプトが発見できたことによって、この観光PRキャンペーンがここまで話題になったことは間違いありません。

†「そんな場所があったのか」とハッとするポイント

第三章では、商品開発、サービスモデル、店舗設計、広告宣伝、販売促進など、いわゆるマーケティング分野における、川上の「コンセプト」の重要性について見てきました。

山田壮夫《そお》さんは、その著書『〈アイデア〉の教科書 電通式ぐるぐる思考』（朝日新聞出版）の中で、「コンセプトはサーチライト」という考え方を紹介しています。これは、もともとはアメリカの社会学者であるタルコット・パーソンズが提唱したものだそうです。

わかりやすいので、私もこの比喩を使って説明していきますね。

ジャンルによって、川上のコンセプトの組み立て方は微妙に違います。

しかし、共通していることがあります。それは、「それまでの一般常識では見えてなかった部分にサーチライトで光を当てて、それを指し示すこと」です。

光を当てた部分は、みんなが「そんな場所があったのか」とハッとするポイントであることも重要です。

商品開発であれば、まず開発メンバーがそう思わなければなりません。

「ポケッタブル（ポケットに入る）ラジオ」
「歩きながら音楽を楽しめる、ヘッドホン付きステレオ再生専用機をつくる」
「持っている音楽すべてを、ポケットに入れて持ち歩ける」

紹介した例は、いずれもそうでした。

最初は、そんな場所に行けっこないと否定する人も多いでしょう。それでも、そんな商品を作ってみたいと思わせる場所でなければなりません。さらにいうと、そのサーチライトで照らした場所は、それを買う生活者にとっても、「そんな商品があったのか」というものになっている必要があります。

サービスモデルや店舗設計のコンセプトであれば、まず生活者にとって魅力的である場所を、サーチライトで照らさなければならない。スタッフ間で共有できるために、短いフレーズで言語化する必要もあります。以下の例のように。

空飛ぶバス
空飛ぶ電車
「熱々のピザを三〇分以内にお届け。間に合わなかったら代金無料」
No Men, No Make-up, No Mirror（男なし、メイクなし、鏡なし）

広告宣伝におけるコンセプトは、少し複雑です。

まず広告を作るスタッフの間で、「そんな場所があったのか」という認識が共有できるものである必要があります。そしてそのコンセプトをもとに、力のある広告表現に繋がることが必須です。さらにその場所を目指すべきであることを、クライアント（広告主）にも感じてもらわなければいけません。

どんなにいいコンセプトを思いついても、それをクライアントが採用しなければ世の中に出て行きません。本書で紹介したものも、ひょっとしたらこれらのキャンペーンが実施される以前に、よく似たコンセプトの広告案が提案されていたかもしれません。しかし、世に出なければなかったことと同じです。

エイビスは二位です。私たちはもっと頑張ります。
一番素敵な人たちが乗るバイク
島の管理人を「世界で最高の仕事」として募集し、その選考過程を公開する

加えてその広告を見た生活者にとっても、魅力的な広告表現に繋がっていなければヒットしないでしょう。そのために実際の広告では、よりキャッチーなコピーにする必要があります。

†後付けだった「乃木坂」「欅坂」のコンセプト

ここまで、コンセプトの重要性を述べてきました。また、コンセプトは暗闇を照らすサーチライト、だからまず光を当てる場所を見つけないと目指す方向がわからない、ということも書きました。

その手順は、確かに「王道」です。

しかし、いつも事前に「正しいコンセプト」が見つけられるとは限りません。

実際に「商品開発」「店舗設計」「サービスモデル」「広告宣伝」などのプロジェクトが動き出してから、本当の「コンセプト」に気づくということもあります。

たとえば、今、人気のアイドルグループ「乃木坂46」「欅坂46」などは、二〇一九年時点で言われているコンセプトは以下のようなものです。

「乃木坂46」＝「おしゃれなリセエンヌ（フランスの女子学生）」。

「欅坂46」＝「笑わないアイドル」。

しかしこれらのグループをプロデュースしている秋元康氏によると、これらのコンセプトは後付けで生まれたものであるといいます。

「乃木坂46」は、二〇一一年に「AKB48の公式ライバル」として生まれました。

AKB48は言うまでもなく、二〇〇五年に「**会いに行けるアイドル**」という斬新なコンセプトのもと、秋葉原の専用劇場で誕生したアイドルグループです。長い下積みはありましたが、二〇一一年当時人気絶頂で、社会現象にまでなっていました。

それに比べ、デビュー当初の「乃木坂46」は、清楚でおしとやかそうな女の子が集まっているという以外、ひと言で言える特徴はありませんでした。「公式ライバル」と言っても、何がライバルなのかよくわからない。秋元氏自体も、当時「コンセプトがないのがコンセプト」と語っていたくらいです。

しかしそののち、差別化のためにフレンチポップスっぽい楽曲を歌ったり、メンバー達が女性雑誌のモデルで登場したりするようになるにつれ、女性ファンが増えていきます。その中で、「おしゃれなリセエンヌ」というコンセプトが明確になりました。

また、二〇一五年に坂道シリーズの第二弾として結成された「欅坂46」においても、秋元氏によれば、当初からクールでほとんど笑顔を見せない「**笑わないアイドル**」を作ろうと思っていたわけではなく、集められたメンバーと話し合ったりしている中で生まれてきたものだといいます。

このように、最初から明確なコンセプトを掲げ、それをかたくなに守って「商品開発」「店舗設計」「サービスモデル」「広告宣伝」をしていくという王道だけが、うまくいく道ではありません。偶然におこったことを取り入れ、コンセプトを修正していくことにより、より大きな成功が生み出されることもあるのです。

本章の最後に、現場から入ってきた情報を生かして商品コンセプトを考えたことで、大きな成功に至ったケースをご紹介しましょう。

†一本の電話から生まれたキットカットのコンセプト

イギリス生まれのキットカットは、世界一〇〇カ国以上で販売されているチョコレート菓子ブランドです。現在は、スイスに本社がある世界最大の食品・飲料会社のネスレが製造販売しています（アメリカのみハーシー社が製造販売）。

日本ではネスレ日本が取り扱い、世界でもトップの売り上げです。また他のチョコレートブランドはバレンタインデーのある二月に売り上げがピークになるのに対して、キットカットは一月がピークになることも特徴です。

そう。キットカットは、今や受験生応援のチョコレートとして知られています。

もちろん、当初からこのようなコンセプトがあったわけではありません。

一九九〇年代の後半、キットカットブランドは岐路に立っていました。それまで世界共通のキャッチコピーである「Have a break, have a KitKat.」を前面に出した、テレビCMを中心としたコミュニケーションを実施していました。その結果、知名度はあるけど、お母さんがスーパーで袋で買ってくるチョコレートというイメージしかありませんでした。膨大な広告費が使われていましたが、あまり効果は上がっていなかったのです。

その頃、ネスレ日本におけるキットカットブランドの責任者になった高岡浩三さん（現ネスレ日本代表取締役社長兼ＣＥＯ）は、キットカットをリブランディングする必要があると考えました。そのために、まず「ブレイク」の意味を再定義することから始めたのです。「Have a break」は、「休憩しよう」という意味ですが、キットカットをパキッと折るブレイクにもかかっています。しかし日本語ではそのニュアンスはあまり伝わっておらず、単なる記号になってしまっていました。

またいろいろな調査を実施する中で、日本人にとっての理想の「ブレイク」は休憩ではなく、仕事や勉強などのストレスから解放された状態だということが分かってきました。「ブレイク＝ストレスからの解放」という、新しい定義が生まれたのです。

そしてターゲットを、受験など勉強のストレスにさらされている中高生にしてはどうかと考えるようになっていました。

ちょうどその頃、九州支店長から以下のような内容の電話が入ります。

「一～二月にかけて九州ではキットカットがよく売れる。鹿児島のスーパーの社長が調べたところ、受験生の親御さんが子供に買っていることがわかった。理由はキットカットが『きっと勝っとぉ』（『きっと勝つ』の九州地方の方言）と音が似ていることから、縁起のいいお守り代わりに渡しているらしい。そこで、受験シーズンにあわせてキットカットの特設売り場に受験生向けのPOPを作りたい」

実は前年から同じような要望が来ていたのですが、マーケティングの担当者は、「世界的ブランドを勝手な語呂合わせで売るのはもってのほか」と通さなかったのです。

高岡さんは、その話を聞いて「これだ！」と思いました。

語呂合わせが重要なわけではなく、現実に受験生のストレスを解放するお守りとして親が買っている。ここにこそ、「ブレイク」の新しい意味があるのではないかと考えたのです。「**キットカット＝受験生のストレスを解放するお守り**」というコンセプトが生まれた瞬間でした。

こうして、二〇〇二年からキットカットの受験生応援キャンペーンがスタートします。キャンペーンを始める前に、高岡さんが絶対に守るべきと決めたルールがありました。それは、「**『キットカットはきっと勝つ』などという広告は一切うたない**」というものです。メーカー側から直接発信すると、「商売に利用している」と、確実に拒否反応が生まれる。あくまで、消費者の間に勝手に広まっていくような仕掛けを考えようというルールでした。そして、このキャンペーンを開始するにあたって、それまで年間数十億円の予算を使っていたテレビCMを取りやめたのです。

このように「川上」の方針が明確だったことが、のちにキットカットの受験生応援キャンペーンを大成功に導く大きな要因になりました。

まず九州支店から要請のあったPOPのコピーは以下のように決めました。

キット、サクラサクよ。

昔の受験の電報にあった「サクラサク」。これなら、受験生の心に寄り添うメッセージになると考えたのです。

もちろん、すぐにうまくいったわけではありません。社内では反対の嵐でした。「受験生などというニッチなターゲットで売上があがるのか？」「ＣＭをやめてしまって本当に大丈夫か？」などというものです。

まず大手予備校の購買部に置いて販売しましたが、まったく売れませんでした。

次に東京のホテルで、受験生にキットカットと「キット、サクラサクよ。」のメッセージ入りポストカードを渡してもらい、スタッフから「試験頑張ってくださいね」というひと言を添えてもらうように交渉しました。一〇〇軒以上のホテルで断わられましたが、西新宿の京王プラザホテルと新宿ワシントンホテルだけが、想いに賛同し協力してくれたのです。

たった二軒のホテルでの実施でしたが、大きな反響がありました。受験生からもホテルマンからも、感謝の手紙が多数送られてきたのです。

この事例からは多くの学びがありました。キットカットという商品が重要なのではなく、受験生はホテルの人からの「頑張ってくださいね」というひと言がうれしいのだということ。キットカットは受験生本人が縁起担ぎで買うものではなく、彼らを応援する人こそが本当に買っているものだということ。

実績をアピールすると、翌年から取り扱ってくれるホテルは急増。今では、五〇〇軒以上のホテルで受験生応援キャンペーンが実施されています。

こうして、キットカットを主役にすることなく、あくまで受験生を応援するための裏方というポジションでのキャンペーンは、ホテルだけでなく鉄道、郵便局などいろいろな相手とコラボしながら広がっていきました。

そして「受験のお守り＝キットカット」というポジションが確立され、今や受験生の五人に一人が、会場にキットカットを持ち込んでいるそうです。

たまたまかかってきた一本の電話を見逃さずにコンセプトに取り入れたことが、大成功の要因になりました。

第四章

川上コピーのつくり方

（1）「経営理念」が空気化する理由

†川上に位置する言葉と「川上コピー」の関係

今まで、いろいろな場面における「川上コピー」の事例と重要性を紹介してきました。第一章では「経営」「事業」、第二章では「プロジェクト」、第三章では「商品開発」「サービスモデル」「広告宣伝」などです。

本章では、すべての場面に共通する「川上コピー」の考え方や具体的な書き方についてまとめていきます。

中でも一番難しいのが、「経営」における「川上コピー」です。

経営の川上部分である企業の価値を規定する言葉は、たくさんあります。しかし「経営理念」「ミッション」「ビジョン」「バリュー」「クレド」「フィロソフィー」「ステートメン

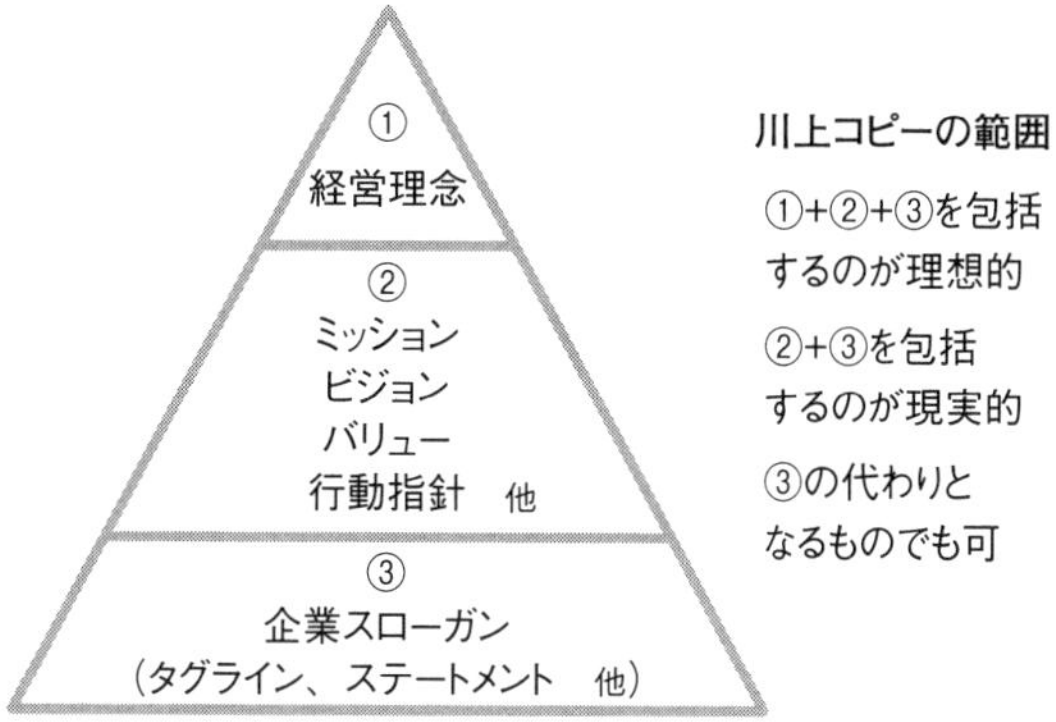

経営の川上部分にある
企業の価値を規定する言葉

ト」「企業スローガン（コーポレートメッセージ、タグライン）」など、たくさんのカテゴリーをつくり、いろいろな言葉をつくればつくるほど煩雑になるだけで、結局誰も覚えられないものになり空気化していくことは、「はじめに」で書きました。

「川上」にある言葉は、できるだけひとつに集約させるのがベストです。

経営の川上部分にある企業の価値を規定する言葉と、「川上コピー」の関係は、上の図のように考えてください。

①②③のすべてを包括するものを一行に凝縮して、「川上コピー」にするのが理想的です。しかし現実的には、経営理念はそのまま残し、「川上コピー」は②③の他のカテゴリ

ーを包括したものになることが多いです。さらに、③の企業スローガンやタグラインの代わりになるものと考えてもらってもいい。

どのケースであっても、サイトなどで表記するネーミングはなんでもかまいません。「川上コピー」は、あくまで内部の共通言語でのみ使用するものです。実際は「経営（企業）理念」であっても、「ミッション」「ビジョン」「企業スローガン」「コーポレートメッセージ」等であってもいい。実質的に「川上コピー」の役割を果たしていればそれでいい、と考えます。

†「経営理念」「企業スローガン」が空気化する三つの理由

たくさんのカテゴリーがあること以外の要因で、「経営理念」や「企業スローガン」が空気化する理由は、主に以下の三つです。

・常套句を使っている

「〇〇でお客様を笑顔に」「〇〇から世界へ」「〇〇のその先に」「〇〇で未来をつくる」「地域に貢献する」など耳触りのいい常套句を使うと、空気化します。「笑顔」「未来」「世界」「その先」「感動」「貢献」などの単語は、空気化しやすい要注意ワードです。

・**英語を使っている**

日本企業であるのに英語を使った企業スローガンも、往々にして空気化します。

もちろんグローバル戦略上、世界共通のフレーズを開発しなければいけない時もあるかもしれません。その場合も、せいぜい長くて三〜四語くらいまでが限界でしょう。それ以上の長いフレーズや、日本人になじみのないような単語が使われている場合は、何かカッコよさげな言葉が書いてあるという印象を与える以上の効果はありません。

・**道徳的倫理観の押しつけ**

日本企業の経営理念で多いのが、この「道徳的倫理観の押しつけ」です。

もちろん、企業は道徳的であるべきですし、高い倫理観を持った方がいいのは当然です。しかし、特定の道徳的な倫理観を声高に掲げた場合、それが現実的な経営との間に少しでもギャップがあれば、従業員は鋭くそれを見抜きます。当然、外部にもそれは伝わります。結果として、せっかくの「理念」も空気化してしまいます。

空気のような「経営理念」や「企業スローガン」は、せっかく作っても、旗印として掲げる「川上コピー」としては機能しません。

「印象に残る」と「機能する」の違い

日本企業においては、空気化している「経営理念」「企業スローガン」が多いのは事実ですが、中には多くの人の印象に残っているものもあります。

ここでは、大企業や有名企業を中心に、印象に残る「経営理念」「企業スローガン」を集め、それを五つの型に分類してみました。「印象に残る」ことと、「川上コピーとして機能しているかどうか」の違いについても言及します。詳しくは後述しますが、中小企業や大企業でも有名でない会社は、このような「経営理念」「企業スローガン」をまねしてはいけません。

★印象に残る「経営理念」&「企業スローガン」の五つの型

①事業定義宣言型

②お客さんへの価値提供型
③新価値発見型
④哲学宣言型
⑤ザブトン一枚型

それぞれの型を簡単に説明した後、実際の企業スローガンの事例を見ていきます（現在はすでに使われていないものもあります）。

①事業定義宣言型

うちの会社は「こういう事業をする会社だ」ということを定義づけして、改めて宣言する型の「経営理念」や「企業スローガン」です。

例えば、以下のようなものです。

「水と生きる」（サントリー）
「『生きる』を創る。」（アフラック）

「自然と健康を科学する」（ツムラ）
「すべては、お客さまの「うまい！」のために。」（アサヒビール）
「我々は、「はかる」を通して世界の人々の健康づくりに貢献します」（タニタ）

ここにあげた事業定義宣言型の「経営理念」や「企業スローガン」は、「川上コピー」として機能しているものが多いです。ただしお客さんに向けてというより、社内へ向けての「川上コピー」の役割がやや強い傾向が見られます。

アサヒビールやタニタの例は、社内に向けての宣言でありながら、結果として社外に向けてのアピールにもなっている優れた例だと言えるでしょう。

②お客さんへの価値提供型

商品やサービスを利用するお客さんに対して、その会社がどんな価値を提供できるかを語っている型の「経営理念」や「企業スローガン」です。

例えば、以下のようなものです。

「お、ねだん以上。」（ニトリ）
「うまい、やすい、はやい」（吉野屋）
「うまいすしを、腹一杯。」（スシロー）
「〝あったらいいな〟をカタチにする」（小林製薬）
「一瞬も一生も美しく」（資生堂）
「カラダにピース」（カルピス）
「結果にコミットする。」（ライザップ）

お客さんへの価値提供型も事業定義宣言型と同様、「川上コピー」として機能している場合が多いです。こちらは①**事業定義宣言型**にくらべると、社内よりも社外に向けたものになりやすい。ここにあげたものは、社外はもちろん、社内に向けての「川上コピー」にもなっている優れたものばかりです。

③新価値発見型

その企業が提供している商品やサービスを、より高位な視点から眺めることで、新しい価値を発見して伝えるという型の「経営理念」や「企業スローガン」です。
例えば、以下のようなものです。

「ココロも満タンに」（コスモ石油）
「地図に残る仕事」（大成建設）
「駅前留学」（NOVA）
「お口の恋人」（ロッテ）

いずれも記憶に残る名コピーです。「地図に残る仕事」「駅前留学」などは、広告コピーとして開発されたものですが、それぞれ「地図に残るような仕事をつくる」「留学するのと同じくらい価値のある教室を駅前につくる」などとすれば、「川上コピー」の機能を持たせることができます。

④哲学宣言型
企業が考える「想い」や「哲学」を世に問う宣言型のスローガンです。

第一章で紹介した、サントリーの「やってみなはれ」は、ここに入ります。日本の大企業ではあまり見つからず、海外企業のものが多いです。

Think different.（アップル）
Just do it.（ナイキ）
Impossible is Nothing（アディダス）
SHAVE TIME. SHAVE MONEY.（ダラーシェイブクラブ）
NO MUSIC, NO LIFE.（タワーレコード）

いずれも、その企業の意志が感じられるフレーズなので、強い印象を残しますし、うまく使えば「川上コピー」としての機能を持たせることも可能です。

余談ですが、NO MUSIC, NO LIFE. は、一九九六年に日本で生まれたキャッチコピーです（タワーレコードのサイトでは「コーポレート・ボイス」と表現）。当初は店頭のキャンペーンコピーとして、少しの間だけ使う予定でしたが、評判がよかったため継続され、結局二〇年以上使われています。また日本でそのポスターを見たアメリカ本社の宣伝担当が気に入り、社長にプレゼンすると「NOが二回続くのはちょっとネガティブだけど、大統領選挙のバッチに書いてあるコピーみたいでいいね」と採用されました。

その後アメリカはもとより、世界中のタワーレコードでコーポレート・ボイスとして使用されるようになったのです。

⑤ザブトン一枚型

上記の分類には入りませんが、その企業にぴったりなフレーズをうまく一行に凝縮したもの。ザブトン一枚あげたくなるくらいのうまさです。

「セブンイレブン、いい気分！」（セブンイレブン）
「インテル入ってる」（インテル）
「牛乳に相談だ。」（中央酪農会議）
「ひとりの商人、無数の使命」（伊藤忠商事）

これらもすべて名コピーです。

しかし、いずれも「川上コピー」として機能しているかというと微妙です。それを旗印にどう行動していいかわからないからです。


さて、主に大企業や有名企業の「経営理念」「企業スローガン」を見てきました。

繰り返しになりますが、あなたの会社が中小企業であったり、大企業でもあまり知名度がなかったりしたら、ここにあげたような会社の「経営理念」「企業スローガン」をまねしてはいけません。たとえ、「うまい」「川上コピーとして機能している」と言ったものであってもです。

これらは、CMなどの広告の出稿量が多いから成立しているフレーズが多いからです。

小さな会社や無名の会社は、もっとベタでわかりやすく、はっきりとした主張がある「川上コピー」を掲げる必要があります。そうでないと、「川中」「川下」でどんな施策を実施すればいいかが明確にならないし、誰も気づいてくれません。それでは何も言ってないのと同じで、とてももったいないことになってしまうのです。

（2）メッセージの中身を見つけ、刺さる川上コピーに

†「何を言うか?」と「どう言うか?」

ここからは、あなたの会社がどうすれば刺さる「川上コピー」をつくり、掲げることができるかについて見ていきましょう。

具体的に書く前に、まず考えなければならないことがあります。

それはまず、「メッセージの中身」を考えるということです。言い換えると、「何を言うか」です。一般的にキャッチコピーを書く際には、まず「何を言うか＝Wha to say」を考えてから「どう言うか＝How to say」を考えよ、と言われています。川上コピーでも、その手順は同じです（次ページの図を参照）。

実際にプロのコピーライターがキャッチコピーを考える時には、必ずしもこの順番とは

川上コピーを考える手順

①　What＝何を言うか？

メッセージの中身を考える

②　How＝どう言うか？

キャッチコピー化する

①をより際だたせるため

限りません。「どう言うか？」を先に考えてから、「何を言うか？」を後付けで決めることもあります。

しかし、それはあまりマネしない方がいいでしょう。特に「川上コピー」に関して言えば、圧倒的に「何を言うか＝What」の方が重要なので、なおさらです。

経営の「川上コピー」においても、プロジェクトの「川上コピー」においても、きちんと機能するものを生み出すためには、メッセージに何かしらの「新しい発見・哲学・提案」が必要です。これがないと、どんなに「どう言うか？」を考えても、力を持つフレーズを生み出すことは難しい。

では、どうしたら「新しいメッセージ」を

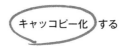

発見することができるのでしょうか？

第一章の終わりに、経営者は、従業員にも投資家にも「自分たちは大聖堂を作っているんだ」と信じさせることが大きな仕事だ、と書きました。

「大聖堂」は、何か「社会的に意義があること」です。ただし道徳的に正しいことだけでは、「大聖堂」にはなり得ない。実現するのが楽しみな、「ワクワクするような未来予想図」である必要があります。

つまり、こういうことです。

あなたの会社が、自社の「強み」を使って「何か社会的に意義があること」「ワクワクするような未来予想図」の実現を目指すという姿勢が、メッセージの種になる。

しかし、自社の本当の「強み」がわかっている会社は意外に少ないものです。自分では「強み」と思っていることがそうでもなく、自分では「弱み」だと思っていたことが本当の「強み」だということもよくあります。

「社会的に意義があること」に関しても、難しいかもしれません。もちろん、会社は営利活動ですから「儲けたい」「有名になりたい」「○○が欲しい」などのエゴがあって当然です。しかしそんな利己的な思いだけを世の中に出しても、誰にも共感してもらえません。

かと言って、キレイ事だけでは嘘くさく思われます。

きちんと儲けをだし自分の欲望をかなえつつ、それが同時に何か「社会的に意義があること」に繋がっているのが理想的です。

またいくら「社会的に意義があること」であっても、簡単に達成できるようなものでは「大聖堂」になりません。困難や障害が予想されるけれども、それでも乗り越えていこうと思えるものでないと価値が生まれない。かといって絶対に実現不可能そうなものでは、相手にしてもらえません。

利己的でもなくキレイ事でもない。簡単に達成できないかもしれないけど、絵空事ではない。この主人公なら、ひょっとしたら達成するかもしれない。想像するとワクワクするような未来予想図になっている、という絶妙なメッセージを見つける必要があるのです。

その時、重要になってくるのが、あなたの会社や経営者の「ヒストリー」です。

「ヒストリー」とは、あなたの会社や経営者の過去から現在までの歴史です。その企業がどのような思いで創業されたのか。経営者が二代目・三代目であれば、どのような思いで跡を継いだのか。過去にどのような商品やサービスを開発してきたのか。そこに込められた思いはどんなものだったのか。まだ設立して間もない企業であれば、それは経営者が歩んできた人生がこそがヒストリーになるでしょう。

†メッセージを見つける手順

このように「何を言うか＝メッセージの中身」を考え出すのは、かなり難易度が高い。広告代理店のようなプロに頼んでも、機能する「川上コピー」ができあがることの方が珍しいかもしれません。彼らは、ＣＭなどの広告に展開できるカッコよさげなフレーズは作ることができても、経営の川上で旗印になる言葉を作るという発想がない場合が多いからです。

また、こうすれば発見できるというような方程式や法則もありません。会社によって、過去から現在までのヒストリーも未来のビジョンも、すべて違うからです。

私がお手伝いする時にも、ひたすらお話をお伺いする中で見つけていきます。経営者にインタビューするのはもちろん、創業者のエピソードも詳しく教えてもらいます。店舗・工場・オフィスなども可能な限り見学させていただき、社員の方に話を聞くことも多いです。過去の広告や、ライバル企業との関係などもできる限り調べます。

勘違いしてほしくないのですが、これは「過去」にスポットを当てるためにやっているのではありません。過去の話を聞く中から、未来に繋がる「ストーリーの種」を探しているのです。

「川上コピー」に掲げるメッセージの種は、作り出すものではありません。発見するものです。その会社や経営者の中に、必ず未来に繋がる「ストーリーの種」があると信じているので、それが見つかるまでお話を伺うのです。

スタートアップなどで、自分で「何を言うか」を見つけたいという方は、まずは以下のようなことを徹底的に自分に問いかけてみてください。

・なぜ自分はこの仕事をやり始めたのか？
・一〇年後、どんな会社になっているのが理想か？
・自分たちの事業で世の中はどう変わるか？
・何を武器にしていくのか？
・理想のお客さんはどんな人？
・世の中からどう思われたいのか？

このような問いの答えから、利己的でもなくキレイ事でもない、簡単に達成できないかもしれないけど、絵空事ではない、この主人公なら、ひょっとしたら達成できるかもしれない、想像するとワクワクする、という絶妙なメッセージを見つけていきましょう。

こうして「メッセージの中身」さえ発見することができたら、「川上コピー」は九割はできたも同然です。

†刺さる川上コピーの書き方七カ条

「メッセージの種＝何を言うか」ができたとして、今度はそれを多くの人に刺さるように「キャッチコピー化＝どう言うか」していく手順をお伝えします。

この「どう言うか」は、テクニックで解決できる部分です。

「川中」「川下」におけるキャッチコピーにおいては、「どう言うか」は重要です。しかし「川上コピー」、特に経営や事業における「川上コピー」では、「メッセージの種」をそのまま残し化粧をほどこさない方が届くので、そこまで重要ではありません。

とはいえ、言葉をより強くするという方法はあります。ここでは、経営の「川上コピー」に限らず、事業、プロジェクト、コンセプトなどの「川上コピー」も含めて、どうすれば刺さる表現ができるかについて七カ条にまとめてみました。
以下、参考にしてみてください。

刺さる川上コピーの書き方七カ条

①「大義」を具体的に語る
②具体的な数字を入れる
③常識の逆をいいながら真理を語る
④普通は合わない言葉を組み合わせる
⑤現状の違う場所に向かうことを明確にする
⑥なるほどという比喩で表現する
⑦語呂をよくする

①「大義」を具体的に語る

「川上コピー」には、できるだけ「大義」を入れたい。

「大義」とは、ごく簡単に言うと「その行動を起こすにあたっての正当な動機」です。

会社や事業の「川上コピー」であれば、「その会社や事業が社会をどのようによくするか」ということです。プロジェクトであれば「そのプロジェクトが達成されることで、社内外に何かプラスな出来事があるか」ということです。

第一章に紹介したグローバル企業の「川上コピー」の多くは、この「大義」を語るという手法で書かれています。

大義は、具体的に書けば書くほど刺さる「川上コピー」になります。

「社会に貢献する」「人々の生活向上」「お客様の笑顔」といったような抽象的な大義では、「空気コピー」にしかなりません。

たとえば、第一章で紹介したマイクロソフトの創業時の川上コピー。

すべてのデスク上と、すべての家庭内にコンピューターを

A computer on every desktop and in every home.

このフレーズは、「大義」を掲げながらも非常に具体的なことが特徴です。

大義を掲げる時には空気コピーにならないように、できるだけ具体的に書くことが重要だと言えます。

②具体的な数字を入れる

「川上コピー」に具体的な数字が入っていると、未来のビジョンがくっきりと明確になります。特にプロジェクトの「川上コピー」においては、非常に有効です。

例えば、本書で取り上げた、以下の「川上コピー」がそうです。

「一〇年以内に人間を月に着陸させて、安全に地球に帰還させる」（ケネディ大統領）

「一〇年で箱根駅伝優勝チームに」（青山学院大学陸上競技部監督　原晋）

「28プロジェクト」（品川女子学院）

ただし、いくら具体的な数字が入っていようと、「一〇年後の売り上げ一〇〇〇億円を目指す」などのようなフレーズでは、川上コピーになりません。その目標がワクワクするものではないからです。

また、商品やサービスのコンセプトにおいても具体的な数字が入っていると、イメージがしやすくなります。本書で取り上げた以下のものがそうです。

「ポケットに一〇〇〇曲を」（iPod）
「熱々のピザを三〇分以内にお届け。間に合わなかったら代金無料」（ドミノ・ピザ）

③常識の逆を言いながら真理を語る
人は自分が思っている「常識」と違うことを言われると、ギョッとして注目します。

そして常識ではない言葉の中に、ある種の真理が含まれていることがわかると、強く納得するのです。

そのような理由から、一見常識の逆を言っているようだけどある種の真理が含まれているような「川上コピー」を掲げることができると、注目してもらえます。

ＡＫＢ48のコンセプト、**「会いに行けるアイドル」**などはその典型です。

それまで「アイドル」は遠くにいる憧れの存在だったのが、「会いに行ける」という常識外のことをコンセプトにしました。また、それがファンにとってはとてもうれしいことだという「ある種の真理」が含まれていたのです。

二〇一八年一二月、六本木に「文喫」という書店がオープンしました。出版取次最大手の日本出版販売（日販）が事業主となり、グループ会社のリブロプラスが運営しています。

この書店のコンセプトは、「**入場料のある本屋**」です。

一般的には、書店は買う意志がなくてもブラっと自由に出入りできるのが特徴です。それが入場料が必要となると、ギョッとして注目します。そして、実際に入ってみると、非常に心地よく知的好奇心が満たされる空間で、一五〇〇円の入場料を払って入っても十分に価値があることに驚きます。そして、本が持つ力を改めて実感できるという、ある種の真理を発見するのです。

④普通は合わない言葉を組み合わせる

「川上コピー」において、普通あまり結びつかない言葉や反対の言葉同士を組み合わせると化学反応が起き、刺さる表現になります。

二〇二〇年東京オリンピックの、メインスタジアムになる新国立競技場。

こちらを設計した建築家・隈研吾さんのモットーは、「**負ける建築**」です。要は、周囲の環境に対して主張しすぎず、調和する建築ということです。普通は組み合わされない「建築」と「負ける」という言葉によって、非常に強いフレーズになっています。

英会話スクールNOVAの「**駅前留学**」もそうです。「駅前」と「留学」という一番遠い言葉を結びつけた名コピーです。

資生堂の「**一瞬も一生も美しく**」、アサヒビール・スーパードライの開発コンセプト「**コクがあるのに、キレがある。**」などは、反対の言葉が一文に入っていることで、強いフレーズになっています。

このように、普通は合わない言葉の組み合わせを取り入れることで、刺さる「川上コピー」が生み出されることがあるのです。

⑤現状の違う場所に向かうことを明確にする

「××から○○へ」「××ではなく○○」という風に、今までの考え方とは違うということを明確にすると、わかりやすい「川上コピー」になることが多いです。

「××」は今まで常識とされてきた「古い考え方」、「○○」はその企業や団体などが考える「新しい考え方」が入るのが一般的です。

「××」と「○○」の距離が遠いほど、強いフレーズになります。

第二章で紹介した旭山動物園のスローガン「**形態展示から行動展示へ**」は、まさにこの形です。一九七〇年に富士ゼロックスが実施した広告キャンペーン、「**モーレツからビューティフルへ**」もそうですね。

二〇〇〇年から開始された、JR東日本の駅を変えていこうというプロジェクト「ステーションルネッサンス」のキャッチコピーは「〝**通過する駅**〟から〝**集う駅**〟へ」でした。この「川上コピー」により、エキュート大宮をはじめ駅の改札内での商業施設が爆発的に増えていったのです。

また本書で紹介した以下のフレーズのように、何かのナンバー1を目指すということも、現状とは違う場所に向かうことを明確にする川上コピーになります。

「地球上で最も顧客中心の企業になる」（アマゾン）
「日本一おもしろいタワーを目指す」（通天閣）

⑥なるほどという比喩で表現する

うまい比喩で表現すると感覚的に理解できるので（たとえ論理的によく考えたら繋がってなくても）、記憶に残りやすくなります。

第一章でご紹介したコスモ石油の「ココロも満タンに」などは、まさにそうです。

第三章に登場したサウスウエスト航空の「空飛ぶバス」、ピーチの「空飛ぶ電車」などもそう。

同章に出てきたアップルのiPodのキャッチコピー「ポケットに一〇〇〇曲を」も、比喩と言えるでしょう。

松下電器産業（現パナソニック）の創業者・松下幸之助は、自らの経営思想を公園の「水道水」の比喩で表現しました。それは以下のような内容です。

「水道水は本来価値のあるものである。しかし公園の水道水を誰かが勝手に飲んでもとがめられることはない。それは量があまりに多く価格が安いからだ。松下電器の使命はこのように、物資を豊富に生産し安く提供することで貧困を克服し、世の中を幸福にすることにある」

松下幸之助のこの経営思想は「**水道哲学**」と呼ばれ、ある時期まで多くの経営者に信奉されていました。

このように、直感的にわかりやすい比喩を使ったフレーズは、多くの人に刺さるものになります。

⑦語呂をよくする

「川上コピー」は一般的に文字として読むものですが、実際口に出した時の響きも非常に重要です。さらに、それがきちんと耳に残るものでないと、人はなかなか記憶できません。

以下のような手法で語呂をよくすると、口に出しやすく耳に残りやすい一行になります。

〈三つ並べる〉

「うまい、やすい、はやい」（吉野屋）

「清く 正しく 美しく」（宝塚歌劇団のモットー）
「友情・努力・勝利」（少年ジャンプの編集方針）
Buy it. Sell it. Love it.「買って、売って、愛して」（イーベイ）
Grace, space, pace「優美さ、広さ、速さ」（ジャガー）
〈韻をふむ〉
「セブンイレブン、いい気分！」（セブンイレブン）
「インテル入ってる」（インテル）
〈対句〉
NO MUSIC, NO LIFE.（タワーレコード）

以上の七カ条の書き方を参考に、ぜひあなたも「刺さる川上コピーづくり」に挑戦してみてください。

†川上コピーのチェック法

できあがった「川上コピー」がきちんと機能するものになっているかは、以下の五つのポイントからチェックしましょう。

①覚えやすいか？

「川上コピー」は、何よりも覚えやすいことが不可欠です。そのためには短くやさしい言葉を使うことが必要です。難しい熟語や英語を使えば使うほど、スローガンは形骸化していきます。「短く、やさしく、覚えやすい」かをチェックしましょう。

②意志が感じられるか？

「川上コピー」は、発信者の「意志」が感じられるということが重要なポイントです。客観的な描写では人の心は動きません。どうしても達成したいという「意志」が感じられるものになっているかチェックしましょう。

③何かしらの新しい発見や哲学があるか？

よく耳にするような常套句では、人の心に刺さりません。「川上コピー」には、何かしらの新しい発見があることが重要です。また、その会社や団体でなければ言えない「哲学」を感じさせることも大切です。誰が言ってもいいような言葉では、確実に形骸化していきます。「何かしらの新しい発見や哲学」があるか、をチェックしましょう。

④羅針盤になる一行になっているか？

羅針盤とは、本来は船の向かう方向を示してくれる方位磁石のことです。「川上コピー」は、船における羅針盤の役割を果たすのが理想です。メンバーが自分の行き先がわからなくなった時、「自分たちが進むべき方向はこっちだ」と教えてくれる羅針盤の役割を担えるか、チェックしましょう。

⑤その旗を見てワクワクする未来を感じるか？

「川上コピー」は、それを見て、何かワクワクするような未来を予感させることも重要です。その言葉が書かれた「旗」が掲げられたとして、ワクワクする未来を感じるものになっているか、チェックしましょう。

もちろん、これらすべてのチェックポイントを一行で満たすのは、かなり難易度が高いことです。それでも、すべての条件を満たすことが理想だと考えてください。

もしあなたが考えた「川上コピー」がすべてを満たしていないとしたら、もう一度考え直しましょう。

日本全国いろいろな会社や団体の上流で、きちんと目立ち共感を呼ぶ「川上コピー」の旗が掲げられることを願っています。

†川上を見失ったスターバックス

「川上コピー」を掲げて成功したとしても、油断してはいけません。

本書の最後に、世界的ブランドになったのに、「川上」にある「理念」を見失ったことで経営危機に陥り、そこからまた復活した事例を紹介しましょう。

それが、第一章で紹介したスターバックスです。

居心地のいい「第三の居場所」という川上コピーを掲げて、世界的ブランドになったスターバックスですが、二〇〇六年ころからアメリカでの業績が悪化し始めました。創業者のハワード・シュルツが会長として一線を退き、別の二人がＣＥＯを勤めるうちに、当初の「理念」を見失って、売り上げ至上主義に陥っていたのです。

無理な出店攻勢から、店のクオリティが急速に低下します。効率性を求め、ゆったりした店舗デザインでなくなり、以前は店舗で挽いていたコーヒー豆を工場で挽き真空パックで店舗に送るようになりました。

コーヒーの味は落ち、ホットサンドの匂いは、コーヒーの香りを台無しにしていました。スターバックスの持ち味だった、従業員の接客の質も落ち、「スターバックス体験」と呼ばれていた独自の価値が失われ、「第三の居場所」と呼べるようなものではなくなっていたのです。

客離れが急速に進み、二〇〇七年には深刻な事態になっていました。コンシューマーレポートで行われたコーヒーの味テストでは、ファーストフードのコーヒーよりも低い評価を受けました。

二〇〇八年、シュルツはCEOに復帰します。彼は、スターバックスの原点の価値を見つめ直し、未来に向けて自分たちがどのようにお客さんに向き合っていくかの「川上」を再確認しました。

まず、一三万人以上のバリスタ全員を再教育することにしました。そのためには、半日間、全米の店舗を一斉に閉める必要がありました。これは大きなニュースになりました。

また、コーヒーの香りを妨げる商品は、売上を犠牲にしても廃止しました。

そして、新たに以下のミッションステートメントを制定して、従業員に徹底しました。

To inspire and nurture the human spirit——one person, one cup and one neighborhood at a time.

人々の心を豊かで活力あるものにするために——ひとりのお客様、一杯のコーヒー、そしてひとつのコミュニティから

オフィシャルな日本語訳ではわかりにくいですが、いわゆる「一期一会」的な接客をしようというニュアンスが込められています。

このようにしてまた「川上」における「理念」を再確認し、新たなスタートをきったことで、スターバックスに客足は戻りました。二〇一一年には過去最高益をだすまでに復活し、さらにその後最高益は更新されています。

やっぱり「川上」は大切ですね。

†日々の仕事や子育てなどにも「川上コピー」を

本書では主に、経営・事業・プロジェクト・商品開発・広告制作などにおける「川上」の重要性について語ってきました。

そのような大きな仕事でなくても、あなたの日々の仕事、たとえばルーティンワークのようなものにおいても「川上」は重要です。

どういう方針で仕事をするのかを、自身の「川上コピー」にして手帳にでも書いておくのはどうでしょう？　デスクの壁などに貼り付けておくのもいい。状況の変化によって右往左往することが少なくなるはずです。

毎朝、その日の行動指針としての「川上コピー」を決めるのもいいですね。

仕事以外の人生の様々なことでも、「川上」は重要です。

自分の生き方の「川上コピー」を決めておく。

またたとえば「子育ての方針」などについても、夫婦で話し合って「川上コピー」として言語化しておくのはどうでしょう？

もちろん、相手がいることですし、状況も変わるので、最初に決めた方針通りにいかないことも多いでしょう。それでも「川上コピー」があるとないとでは、大きな違いになるはず。何かを決断する時に、ブレることが少なくなるからです。

そのような場合の「川上コピー」は、もちろんムーンショットのような大げさなものでなくてかまいません。また、一度決めたものに固執せず、どんどんアップデートしていってもいいでしょう。

ぜひ、仕事も人生も、「川上」から始めてください。

おわりに

『川上から始めよ』を最後まで読んでいただき、ありがとうございます。

本書では、「経営」「事業」「プロジェクト」「商品開発」「サービスモデル」「広告宣伝」など様々な場面における「川上コピー」の重要性と事例を紹介してきました。

「川上コピー」とは、「企業の理念」「プロジェクトの目標」「商品開発などのコンセプト」などを一行に凝縮し、それぞれの一番の上流で旗印として掲げるものです。

書籍に取り上げるような事例は、どうしても、わかりやすく成功したものが中心になってしまいます。でも実際にやってみると、うまくいくとは限りません。機能するはずの「川上コピー」を開発できても、それが本当に川中、川下まで浸透していかなければ成果が生まれないからです。これは、「経営」でも「プロジェクト」でも「商品開発」でも同様です。

ひょっとしたら、読者の中には、取り上げた事例はたまたまうまくいっただけで、特に会社経営の「川上コピー」については、「**そもそも理念でメシが食えるのか?**」と思われた方もいらっしゃるかもしれません。

そんな方にはこうお答えしましょう――「**理念**」**でメシは食えます**。

今の時代、「**理念**」**こそが、一番の**「**メシの種**」だと言って過言ではない。

ただ、「理念」が「メシの種」になるには条件があります。

繰り返しになりますが、川上で掲げた「理念」が川中、川下まできちんとリンクしているということです。経営の場合であれば、「理念」がその会社のすべての商品やサービス、また従業員たち全員にきちんと浸透しているということです。

私は講演などで、「**理念はぬか床のようなものである**」という比喩をよく語ります（これを「**ぬか床理論**」と名付けています）。

野菜（商品・サービス・従業員）を、理念という「ぬか床」につけてきっちりまぶすことで味わいが出て、おいしい「お漬物」になり、より高い価値を生みます。

その結果、おいしいメシ（利益・売り上げ）が食べられるようになるのです。

ただし、お飾りの「ぬか床」ではダメです。すべての商品やサービスにきっちり「ぬか」を刷り込み、しみこませてこそ価値が生まれる。また商品やサービスだけでなく、従業員や接客などにもきっちり「ぬか」をしみこませる必要があります。

また実際の「ぬか床」が腐りやすいのと同じで、理念という「ぬか床」もとても腐りやすい。毎日、かき混ぜないとすぐに腐る。社長室の額に入れて飾っておくだけだと、あっという間に腐ってしまいます。

そして残念ながら、一度腐った「ぬか床」は再生するのは難しい。もったいないけれど、新しい「ぬか床」をまた作り直すしかありません。「理念」も同じです。一度腐った「理念」を再生するのは難しい。

そんなことにならないよう、「理念」を凝縮した「川上コピー」を一度作ったら、毎日毎日、商品・サービス・従業員にまぶしながらかき混ぜ続ける必要があります。

きちんと手入れさえしていれば、ひとつの「理念」で半永久的にメシを食うことは可能です。

とっくにお気づきとは思いますが、本書の核になるワードである「川上コピー」の「川上」は、著者である私の名前でもあります。

この「川上コピー」という言葉、今では当たり前のように使っていますが、開発するのに実は五年以上の歳月がかかっている労作です。

もともと私は、自分の仕事を商品を売るためのキャッチコピーではなく、経営理念や企業スローガンなどのコピー開発に特化したいと考えていました。しかし、多くの企業が「理念は重要だ」と口では言いながら、やはりすぐに「メシの種」にならないので後回しにしているというのが実情です。

そこで、何とかその意識を変えたい。「経営理念」や「企業スローガン」などに変わるオリジナルの新しい言葉がないかずっと考えていましたが、なかなかいい言葉が浮かびませんでした。ビジョン・ミッション・ステートメント・バリュー・クレドなど横文字を使っていろいろな項目を作るのは、言葉遊びになるだけで実質的な効果に乏しいことは、本書内で何度も語らせていただきました。

二〇一六年春、眠ろうとした瞬間、突然、「川上コピー」という言葉が思い浮かびました。私は忘れないように、すぐに起き上がりノートにその言葉を書きとめました。眠気は、すっかり吹き飛びました。私は静かに興奮しながら、「はじめに」で掲載した「川上から川下までの流れの図」を描いたのです。

とてもわかりやすい。「川上」が一番重要であることも説明できる。「川上」という自分の名前がついているのもいい、と自画自賛の嵐です（笑）。

今では新しく企業のストーリーブランディングの依頼があった時には、お手伝いする前に必ずまずこの「川上コピー」「ぬか床理論」などの話をさせていただきます。

そうやって「川上コピー」の重要性を認識していただいた上で、初めてお手伝いすることにしています。そうすることで、先方も「川上コピー」「ぬか床」という言葉を使ってくれます。そうなれば、共通認識が生まれた上で話が進むので、多くの場合、とてもスムーズに仕事が運びます。

「川上コピー」という言葉は、私自身の「川上コピー」としても機能しているのです。

もし、あなたの会社に、あなたのプロジェクトに、「川上コピー」と言えるものがないのであれば、本書を読んだ機会にぜひ開発していただけたらと思います。

すべての仕事を「川上から始める」ことで、大小問わずあなたに何かの成功を手に入れてもらえれば、著者としてこれほどうれしいことはありません。

最後になりましたが、事例として取り上げさせていただいた企業の関係者の皆さま、本当にありがとうございます。また企画を考えることも含め、原稿が遅れがちな筆者を辛抱強く激励していただいた筑摩書房の羽田雅美さんに感謝です。

二〇一九年七月

川上　徹也

【参考図書・記事】

第一章

『週刊東洋経済』二〇一八年一二月二二日号（特集＝「GAFA全解剖」）
桑原晃弥二〇一九『Amazonの哲学』だいわ文庫
マイク・ホフリンガー二〇一七『フェイスブック不屈の未来戦略』大熊希美他訳、TAC出版
CNNスペシャル・インタビュー「フェイスブックCEOマーク・ザッカーバーグ「つながり」から「強い絆」へ」ENGLISH EXPRESS,Dec. 2017
Shun Uchimura「スティーブ・ジョブズがApple社内で〝Think Different〟について社員に向けて語ったこと」二〇一五年六月三日 スタートアップアカデミア
「世の中を変えるのは「はみ出し者」元アップルジャパン責任者が語る、Think Differentの意味」Think Different Again.-in Nepal 2020,Logmi Biz
ハワード・シュルツ＋ドリー・ジョーンズ・ヤング一九九八『スターバックス成功物語』小幡照雄・大川修二訳、日経BP社
ハワード・シュルツ＋ジョアンヌ・ゴードン二〇一一『スターバックス再生物語――つながりを育む経営』月沢李歌子訳、徳間書店
Daisuke Takimoto「マイクロソフトを生んだ「もうひとり」の男、その早すぎる死――追悼、ポール・アレン」二〇一八年一〇月一六日、WIRED
リー・ギャラガー二〇一七『Airbnb Story』関美和訳、日経BP社
戸塚隆将「Airbnbの爆発的成長支えるたった3つの原則　成功する会社にはシンプルなルールがある」二

〇一七年一〇月二日、東洋経済ONLINE
山口瞳・開高健二〇〇三『やってみなはれ　みとくんなはれ』新潮文庫
似鳥昭雄二〇一六『ニトリ　成功の5原則』朝日新聞出版
竹原信夫「小林製薬「小さな池の大きな魚」戦略の舞台裏　ニッチ市場で高シェア商品を連発できるワケ」二〇一七年一一月六日、東洋経済ONLINE

第二章

スコット・アンソニー「ムーンショット――未来から逆算した斬新な目標」『ハーバード・ビジネス・レビュー』二〇一三年一二月四日
酒井政人「箱根を制した青山学院・原監督の「仕事語録」「僕は陸上の人というより、ビジネスマン」」二〇一五年一月一三日東洋経済ONLINE
原晋二〇一五『魔法をかける――アオガク「箱根駅伝」制覇までの4000日』講談社
エディー・ジョーンズ「エディー・ジョーンズの教え「成功したいなら、日本人らしさを活かせ」」二〇一六年一二月一五日、現代ビジネス
野口啓一「著名人インタビュー この人に聞きたい！漆紫穂子さん［品川女子学院　校長］」、13歳のためのハローワーク公式サイト
「「母になるなら、流山市。」その真意と成果について市役所にきいてきた」二〇一六年一一月一六日、ママピックス
WEDGE Infinity編集部「やっぱり、「母になるなら、流山市」なのか　井崎義治流山市長インタビュー」二〇一八年八月六日号、WEDGE Infinity

岡村繁雄「「最後のひとひねり」で年間入場者数130万人達成——通天閣観光社長 西上雅章」二〇一五年三月三一日、プレジデントオンライン
井口理「「ビッグアイデア」で世論を動かした自治体PR 米ミシガン州トロイ市の図書館存続キャンペーン」二〇一六年三月一四日『地方行政』
「マツダ 金井誠太 会長が語る、大復活劇をもたらした5つのイノベーション」二〇一五年五月七日、ビジネス+IT
大西孝弘「金井誠太会長が語るマツダ覚醒の原点「技術陣はワル乗りして10年先を考えた」」二〇一六年六月一六日、日経ビジネス
上野真理子「売れる雑誌は〝正しさよりも楽しさ〟がある レタスクラブ松田紀子編集長・後編」二〇一七年九月一二日、プレジデントオンライン
「月刊化から1周年の『レタスクラブ』、コンセプトが生まれた背景」二〇一八年五月一二日、ダヴィンチニュース

第三章

「Sony History」ソニーサイト
榎本幹朗二〇一七『未来は音楽が連れてくる Part2 スティーブ・ジョブズが世界の音楽産業にもたらしたもの（Otobon）』、エムオン・エンタテインメント
細田高広二〇一三『未来は言葉でつくられる——突破する1行の戦略』ダイヤモンド社
中川雅博「日本初LCCピーチ、「5年間の創業物語」の結末 自由闊達だからこそ、ピーチは生き残った」二〇一七年三月一九日、東洋経済 ONLINE

西尾忠久「創造と環境　コピーライター西尾忠久の1960年代を中心としたアメリカ広告のアーカイブ」エイビス1～5
「語り継ぎたいこと～チャレンジの50年～写真やエピソードで語るHondaの50年史 Super Cub History」ホンダサイト
訪日ラボ編集部「月給200万円「世界最高の仕事キャンペーン」が大成功！豪クイーンズランド州の観光PR戦略から学ぶ自治体のインバウンド誘致法とは？」二〇一七年七月五日、訪日ラボ
Narinari.com 編集部「〝世界最高の仕事〟のその後は？　3万5000人から選ばれた男性の今。」二〇一二年四月三〇日、ナリナリドットコム
西廣智一「秋元康が明かす　欅坂46と乃木坂46が向かう先」二〇一六年一〇月一二日、日経エンタテインメント！
香月孝史「乃木坂46が求めた「コンセプト」」二〇一六年七月二六日、WEB青い弓
高岡浩三 二〇一三『ゲームのルールを変えろ――ネスレ日本トップが明かす新・日本的経営』ダイヤモンド社
「【〝NO MUSIC, NO LIFE.〟生みの親1】タワレコ宣伝担当者が語る「人生にひっかかるコピー」の生みだし方」二〇一四年五月二一日、リクナビNEXTジャーナル

図表作成＝朝日メディアインターナショナル株式会社

ちくま新書
1427

川上《かわかみ》から始《はじ》めよ
——成功《せいこう》は一行《いちぎょう》のコピーで決《き》まる

二〇一九年八月一〇日　第一刷発行

著　者　川上徹也（かわかみ・てつや）

発行者　喜入冬子

発行所　株式会社 筑摩書房
東京都台東区蔵前二-五-三　郵便番号一一一-八七五五
電話番号〇三-五六八七-二六〇一（代表）

装幀者　間村俊一

印刷・製本　三松堂印刷 株式会社

ISBN978-4-480-07246-7 C0295